木村政彦 柔道の技

木村政彦

イースト・プレス

戦後、昭和24年(1949年)の全日本選手権2回戦で大澤慶巳を上四方固に降す木村政彦。無人の境をゆくがごとく無敗を誇った不世出の柔道家・木村政彦自身が実演した本書では、今日の試合においては反則・禁止となる技もあえて当時のまま完全収録した。柔道が持つ着衣格闘技としての魅力を感じてほしい。(※資料・木村家提供)

はじめに

　日本の伝統的格闘技の一つである柔道は、今日広く海外にも普及し、オリンピック種目として取り上げられるまでに発展してきたことは、半生を柔道一筋に生きてきた私の喜びとするところ。

　しかしながら、柔道の国際化が進むにつれて日本の柔道選手は強力巨漢の外国人選手と試合する機会が多くなり、すでに重量級、無差別級の選手権を数回、外国人選手に制覇された事実を指摘して、日本柔道の重量級の将来を絶望的と見る専門家も出て来ている現状だ。

　はたして今後、日本柔道の重量級は絶望的であるか？　私は即座にこれを否定する。私は柔道をはぐくんだ日本固有の精神的土壌をもっとも重要視している。戦後の不馴れな民主化教育により、武道精神が軽視され弛緩させられた環境に育てられた青少年達を柔道本来の精神的原点に戻し、彼らの求道心に火を点し、彼らが自己の心身の限界まで奥深く柔道を追求できるように指導し、ともに研鑽に励むことが現在指導者にもっとも必要な姿勢であり、また、指導者がこの姿勢を維持し、資質抜群の青少年の英才教育に指導者としての栄辱を賭ければ、日本柔道は名実ともに飛躍し、宗家としての面目復帰当然の帰結だと考える。

　私は若き日、恩師牛島辰熊先生の門下生として拓殖大学に学び、筆舌に尽しがたい精神的、肉体的な訓練に耐え、時には求道の至難な壁に当たり、幾度か挫折感を味わいながらも懸命の創意工夫で乗り越え、一戦ごとに師弟一体の研鑽を重ねて、ようやく柔道の本質に接近しつつあることを実感として体験したことがある。

　本書は、私が多くの試合のたびに心魂をこめて創意工夫し、実戦に駆使して成功した、いわば実戦的柔道の解説書として書いたものだ。一般的な柔道教書に解説される模範的技術と多少異なる点もあるが、少しでも読者諸賢の参考になれば幸いである。

木村政彦

目 次

はじめに	2
柔道の沿革	6
記憶に残る試合	6
柔道が強くなるためには	8

Section.1　投技編　12

●第1章　投技の基本動作　14

姿勢	14
組み方	15
体の移動	16
八方崩し	16
受身	18

●第2章　手技　20

手技の1　肩車	20
実践の肩車	20
手技の2　体落	22
手技の3　背負投	24
手技の4　一本背負投	26
襟を持って掛ける一本背負投	28
足を平行にしての一本背負投	29
左の一本背負投	30
両腕を割っての一本背負投	31
大内刈からの一本背負投	32
小内刈からの一本背負投	33
受けの一本背負投より取りの絞め	34
一本背負投から大外落へ	35
一本背負投から小内刈	35
一本背負投の応用 その1～3	36
一本背負投を掛け、	
相手が後方から足をからませた場合	38

●第3章　腰技　39

腰技の1　払腰	39
払腰から内股	41
片襟を取っての払腰	42
払腰から払巻込	43
腰技の2　跳腰	44
片襟を取っての跳腰	46
跳腰から払腰	47
跳腰返し	48

跳腰の受け方	49
腰技の3　釣込腰	50
左変形に対した場合の釣込腰	52
袖釣込腰	53
釣込腰から大外刈	54
釣込腰から大内刈	55
釣込腰から体落	56
左手を順にとっての袖釣込腰	57
低い釣込腰	58
腰技の4　大腰	59
腰技の5　移腰	60
裏投	62
内股で倒されながら横車で投げる	63
腰技の6　腰車	64
腰車から払腰	66
腰車から大外刈	67
腰車から内股	68
腰技の受け方	69

●第4章　足技・捨身技　70

足技の1　出足払	70
受けの出足払より取りの小外刈	72
受けの出足払より取りの大内刈	73
受けの出足払より取りの体落	74
燕返し	75
足技の2　送足払	76
足技の3　支釣込足	78
受けの支釣込足より取りの支釣込足	80
出足払から支釣込足から送足払	81
足技の4　払釣込足	82
足技の5　膝車	84
膝車から大外刈	85
足技の6　大外刈	86
左変形に対する大外刈	88
大外刈から払腰	89
片襟を取っての大外刈 その1・2	90
大外刈から大外落	92
足技の7　大内刈	94
大内刈から体落	96
大内刈から内股	97
受けの大内刈より取りの巴投	98
受けの大内刈より取りの一本背負	98
足技の8　小内刈	100

小内返し	100
小内刈から大内刈 その1・2	102
足技の9　小外刈	104
小外刈から小外刈	106
蟹ばさみ	107
足技の10　内股	108
内股から小内刈	110
内股すかし	111
両膝で相手の足を挟む方法	111
内股の受け方	111
足技の11　巴投	112
受けの巴投より取りの大内刈	114
受けの巴投より取りの小外刈	115
横に投げる巴投	116
■column：投技編　植松直哉	117

Section.2　寝技編　118

●第1章　寝技の基本動作————120

寝技の入り方 その1～7	120
寝技に入るときの足の抜き方 その1・2	125
寝技返し	127
寝技返し その1～8	127
帯取り返し その1～4	134
帯取り返しの防御法 その1～3	138

●第2章　抑込技————140

抑込技の1　袈裟固	140
崩袈裟固	141
後袈裟固 その1～3	142
枕袈裟固	143
袈裟固から関節技	144
立ちながら肘関節を取り抑え込む	145
四つんばいの相手を制する方法 その1・2	146
抑込技の2　肩固	148
肩固から片羽絞	149
抑込技の3　上四方固	150
抑込技の4　崩上四方固	152
崩上四方固から上四方固	152
鉄砲返し	153

抑込技の5　縦四方固	154
縦四方固 その1～2	154
縦四方固の返し方／足を挟む方法	155
縦四方固の返し方／足を左右に振る方法	155
抑込技の6　横四方固	156
四つんばいの相手を横四方固で制する	157
横四方固から崩上四方固	158

●第3章　関節技————160

関節技の1　腕緘	160
腕緘 その1～6	160
腕緘から抑込	163
四つんばいの相手への腕緘	164
立ちながらの腕緘	166
相手がタックルにきた時の腕緘	167
関節技の2　腕挫十字固	168
上四方固から十字固	169
関節技の3　腕固	170
相手が技を掛け損じた時の腕固	171
関節技の4　膝固	172

●第4章　絞技————173

絞技の1　十字絞	173
並十字絞／片十字絞	174
逆十字絞	175
絞技の防御	175
絞技の2　両手絞	176
絞技の3　裸絞	177
絞技の4　送襟絞	178
送襟絞から三角絞	179
四つんばいの相手を送襟絞で制する	180
絞技の5　横送襟絞	181
絞技の6　片羽絞	182
片羽絞から抑込	182
四つんばいの相手を片羽絞で制する	183
絞技の7　三角絞	184
前三角絞	184
後三角絞	185
絞技の8　立ち絞	186

最後に	188
■column：寝技編　植松直哉	190

柔道の沿革

　今や柔道は世界に普及し、修行者も500万人を数える。そのうち日本人400万人といわれる。このように発展し隆盛の一途をたどっている柔道も、もともとは〝柔術〟とも〝柔（やわら）〟ともいわれていたものである。

　柔道の沿革を知るには、まずその前身である柔術について認識することが、柔道の理解を助けるためにも必要と思われる。

　柔道の起りについては、別に定説はないものの、戦国時代から徳川時代にかけて、幾多の創始者が出て、それらが各自独特の流儀をもって心身を練磨するとともに技術を練り、ようやくこの基礎が固まりつつあったとみるのが通説である。野見宿禰と当麻蹴速が垂仁天皇の時代に決闘をしたというのは、相撲とみるべき点もあるが、これはむしろ柔道の技で投げ飛ばしたのであろう。

　この時代の相撲は、戦場における組打ちの技として発達し育成されたものであるが、他面、平安末期から戦国時代にかけて自然的な要求として、単なる力の訓練からいかにすれば早く、かつ有利に相手を組み伏せられるかという技術的な面への関心が高まり、その結果、蹴り、突き、投げ、絞め、抑えなど各部門にわたっての関心が高まり研究され、それが実際の戦いに応用されて、ついに柔道という一つの技術が体系化されるに至ったものである。

　このように柔道は、一人の考案によって編み出されたものでなく、幾多の戦場における組打ちの経験と多くの人々による永い年月を通じて逐次発達し技術の体系をとり洗練されてきたものである。

　その後、足利時代より徳川時代にかけて柔道には幾多の流派が生じた。例えば、柔術ならびに柔道を初めとして、柔体術、体道、拳法、白打、居合、拳、小具足などの名で呼ばれたが、これら諸流のうちもっとも早く現われ、名声の高かったのが竹内流である。創始者は、竹内久盛という人の名にちなんだ流派で、初めは小具足捕手と称したが、後日になって竹内流柔術を開いたものである。この他の流派としては、神心流、真揚流、起倒流、扱心流、渋川流、関口流などである。幕末に至るや、百数十派以上の流派が現われた。以上が柔術の起源及び沿革である。

　このように隆盛を極めた柔術も明治時代に至り、維新後の大きな国家的変革のために下火となり、かなりの衰えを見せはじめていた。この頃。当時東京大学に学んでいた嘉納治五郎は柔術を志していて、天神真楊流の福田八之助の門に入り、後に起倒流飯久保恒年の教えも受け、種々の流派の長所を抜粋して理論体系を実技に裏付けし、これを一般に普及させた。そして柔道と改めたのは元来、武芸すなわち技術的な面から出発したこの柔術が単にそれにとどまらず、精神の修養練磨に大いに有効であり、かつ、これこそが重要なものであると悟り、戦国時代ならともかく、現在の平穏な世において身体の鍛錬ということはもちろん大切であるが、加えて精神修養を重く見るのは当然と思い、その名も柔道として指導普及に骨を折り、同時に教える場所として講道館を創設したのである。

記憶に残る試合

　私が経験してきた数ある大試合のなかでも最高の思い出となった試合は、何といっても昭和12年に行なわれた全日本選士権大会に初めて出場し、初優

勝をとげた時のことだ。当時、学生選手権を二度取ったので、私の師である牛島辰熊先生は今度は全日本選士権に出場するようすすめられた。全日本選士権は一般と専門の部の二つがあり、普通は一般から出場するのが当たり前だったが、先生は専門の部から出るようにと言われた。この専門の部には簡単には出られなかったが牛島先生の推薦によるものであった。この頃、学生で専門の部に出場する者はいなかった。しかし牛島先生は私を専門家にするのだからと言って強力に推薦し、学生としては初めて出場することになったのである。

専門の部は年令別に20歳から30歳未満を壮年前期とし、30歳以降を壮年後期とした。したがって20歳から30歳までがいちばん血気盛んだったので、このクラスで優勝したものが事実上の全日本選士権の覇者といわれた。牛島先生は第2回と第3回の専門壮年前期に連続優勝、中島正行五段は一般壮年前期で第4回第5回に連続優勝している。私がこの全日本選士権に出場したのは昭和12年10月23日、24日の2日間、講道館で行なわれた第7回大会からであった。

緒戦から一戦一戦勝ち抜いてきて、準決勝で顔を合わせたのが上野五段。背の高い体重24～25貫の

昭和12年の全日本選士権で初優勝した時の木村政彦（中央）。当時は一般、専門のほか、年齢別にも分けてチャンピオンを決めていたが、事実上の日本一は木村が制した専門壮年前期だった。すでに高専大会での団体優勝、明治神宮大会での活躍などで勇名をはせていたが、出場選手中最年少20歳の木村にとって全日本選士権は初の大舞台だった。師の牛島辰熊に「絶対に優勝しろ」と檄を飛ばされて1回戦、2回戦の相手を一蹴するが、決勝の中島正行戦では大苦戦を強いられた。他の優勝者と比べてわかるように、木村の体格は当時としても決して大柄ではなく、今で言えば中量級といったところだったが、膨大な練習量とウエイトトレーニングで滅多なことでは力負けしなかった。

巨漢であった。私はこの上野五段を右大外刈で破った。立って2、3歩歩いたところで勝負がついた。もう一組の準決勝は全日本選士権大会一般の部で連続優勝した中島五段と後藤三郎五段の対戦となったが、これも立合い数分のうちに内股の合わせ技で中島五段の勝ちとなった。彼は体重が25〜26貫ぐらい、上背もかなりあり柔道家としては恵まれた体をしていた。相手の虚をつく内股が得意でケンケン技に秀いでていた。私は中島五段とは練習はおろか顔を見るのも初めてだった。彼は満州代表で出場していたがその前は神奈川県警の柔道師範だった。

　中島正行五段との優勝戦は延々40分の長い試合となった。相撲で言えばケンカ四つ、ものすごい差し手争い、先手争いとなったのである。それは私が右技、彼が左技だったからである。体は相手のほうが5、6cm大きく、体重も3〜4貫上まわっていた。色も浅黒く、いかにも精悍そのものである。彼は右後ろ襟をとってきた。先手をとるのが得意だったのだ。当然先手争いになった。そして柔道着を握った瞬間技をかけてきたので同体となって場外に飛んだ。場内に戻ると今度はこっちが早く相手の襟をつかみ、そのまま背負投にはいった。しかし決まらない。両方とも先制主義なので動きも早く、技の応酬が続いた。ちょっと気をゆるめると内股で跳ねられる。

　1回15分の試合で第2回の延長になった時、相手が奥襟を深く取ったので背負いをかけた。それで技ありを取った。このままいくと優勢勝ちになると思って気をゆるめた瞬間だった。その虚をついて必殺の内股をかけてきた。私は大丈夫と思っていたのだが、跳ねられて技ありを取られた。一方が握ったらその瞬間に技をかけるという息詰まるような場面が続き、何回も同体となって場外に落ちた。そのため

特設の記者席に落ちたりして傷だらけになり、試合終了後は頭がコブだらけになっていた文字通りの死闘である。2回目の後半、崩上四方に抑えたが、足でからんできて決まらず、3回目の延長に入った。3回目が始まる前お互いに座って柔道着を直している時だった。私は相手が足を揉んでいるのを見て、これは相当疲れているなと思った。30分の激闘のあとだから無理はない。私のほうも手がバカになったので手を振っていたが、自分の疲労をふり返りながら相手の動作にも充分注意を払っていたのである。私は彼が足を揉んでいるのを見て、そこを狙えば勝てると思った。そこで3回目が始まるといきなり、中島五段の足にタックルした。すると私の予測通り足がきかなかった。結局、崩上四方で抑え込んで一本を取った。

　この試合は見ているほうでも面白かったという。激しい技の応酬が行なわれ、40分間息詰まるような場面が連続したからだ。もっとも当事者はこのあとが大変だった。試合がすんだあと3日間ぐらい体が動かないのである。疲労も大きかったが、打撲のほうがもっとひどかった。体中傷だらけになっていたのである。

柔道が強くなるためには

　何事を成すにも、旺盛な意志とそれに対する執念がなければ、事は成功するものではない。一日のうちわずかでも他の人より努力したならば、一時的には効果が目に見えなく何とも頼りないもののようであっても、蓄積されていけば必ず努力しただけの効果が現われてくるものである。

　柔道は格闘競技であり、自分対相手の闘争であ

昭和12年(1937年)日本柔道選士権。初出場の木村政彦は準決勝まで一本勝ちで決勝に進み、決勝で優勝候補筆頭の中島正行と当たった。中島は木村の8歳年上の28歳。昭和9年、10年と日本選士権一般の部を連覇、この大会は専門の部に出場してきた。体格は木村より一回り大きい。『柔道100人』(『ゴング』9月号増刊)には〈木村と死闘を演じた"満州の虎"〉という見出しでこう紹介されている。《左右の出足払い、送り足払い、払い釣り込み足がうまく、左内股、大内刈り、大外刈りに威力があった》。喧嘩四つの2人は得意技を掛け合うがともに決まらない。本戦で決着がつかず、延長戦に突入したがここでも決まらず。2度目の延長戦。木村が思いきって背負い投げにいくと中島は横転。これが技ありとなり木村が勝ったと思ったのもつかの間、中島得意の内股で飛ばされこれも技ありになった(写真上)。3度目の延長戦、木村は開始すぐにタックルにいって大内から中島を押し倒し、そのまま縦四方に入る(写真下)。中島は必死に暴れるが木村は崩上四方に変化して抑えきり、日本選士権初出場初優勝を果たす。延長3回40分の激闘。20歳1カ月の最年少優勝記録だった。その瞬間、役員席に座っていた師匠牛島辰熊はこらえきれず涙を流したという。

る。決して他力に依存することは許されない一対一の勝負である。そこで、練習においても、また試合においても堅固な信念と蛇のような執拗さ、ハガネのような強靱さが必要であり、試合の場合も、この堅固な精神が最後の栄冠をもたらすものである。もちろん、試合を行なうからには勝たなくては意味がない。勝つためには連日の厳しい訓練と訓練から会得した旺盛な精神力と技術をもって自分の力を最大限に発揮し、相手を倒さなくてはならない。たとえ一時期にせよ努力しないで相手を倒し得たとしても、それは偶然の出来事であって決してこれが永続するものではない。次回には倒される破目に至るものである。悔いのない訓練を重ねて万が一敗れた場合、それを参考にして技の不備な点、練習方法など再度研究し次回に備えなければならない。このようなことが大成に近づく要因ともなる。これは柔道に限らずあらゆるスポーツ、社会に通ずることでもある。

今まで何の運動も経験したことがない人が柔道を学ぶには、直ちに稽古を行なうよりもその前にまず体力を養成しなくてはならない、受身の練習、腕立伏せ、兎飛びなど柔道に必要な手、足、腰の筋力を強くすることが肝要で、急に練習に移れば筋肉や骨を損傷する。初心者の間はできるだけ無理をしないよう体力を自然につけるべきである。強くなるには一にも練習、二にも練習、三にも練習といわれているが、ただがむしゃらに努力したのではある程度までは強くなるものの、それ以上には強者にはなれない、人それぞれに体幅を異にしているためいちがいにはいえないが、努力しても頭角を現わせない人は

昭和24年(1949年)、戦後の全日本選手権決勝は昭和15年の天覧試合と同じ木村政彦と石川隆彦の戦いになった(昭和15年は木村が一本背負いで優勝)。再戦となった決勝は終始、木村が押していたものの延長3回の末、主審の三船久蔵が引き分け裁定。2人優勝となった。

初心者時代に基本技術の修得が中途半端であったか、あるいは指導者の原因によるものかのいずれかである。基本技の修得いかんは個人個人が最後の段階まで実力を伸ばし得ることができるか、もしくは中途の段階で足ぶみするかのいわば将来を占う重大な鍵ともいえるものである。そこで柔道を学ぶ人は初心者の頃から正しい指導者から正しい技を体得することが重要となる。まして少年時代に覚えた技というものは技法が体にまとわりついて急に他の方法に変えられにくいし、つい根負けしてあきらめてしまうことが多い。だから先生先輩から教えられた技を一応身につけたら、これを力学的に分析して理論の正しい個所はそのまま身につけるし、悪い所はさらに究明して正確なものにする。そのように自分に合った正しい技を訓練の上にも訓練を重ね、得意技としたならば試合に臨んでも相手を倒す自信も出てくるのである。

しかし、いかに鋭利な技を持ち得たとしても自体の腰が弱ければ特に試合の時には意味をなすものではない。いつ何時、払われ、跳ね上げられるか一足一足踏み出すあるいは後退するたびに不安を感じ、自分の持ち技すら自信がなくなってくる。すなわち、自分の技を最高に発揮させるには充分強力な腰が必要で相手の技をピンと跳ね返すくらいの受け腰が欲しいものである。ところで持ち技を充分に出せる腰

昭和24年(1949年)全日本選手権大会の準決勝戦。九州代表の木村は、近畿代表伊藤徳治・七段と対戦した。延長戦に入り、巻き込みに近い木村の強烈な一本背負に伊藤の体が場外に崩れる瞬間をとらえている。この背負で木村の優勢勝が決まった。

を育成するにはトレーニングによる方法と練習による方法の二通りがあるが、ここでは練習による方法を述べてみよう。

相手と対した場合、人それぞれに組み方に得意があって相手の上からあるいは下からとがある。これらはいったん得意な持ち方をすれば攻撃にも防御にも最大の力を発揮するが、不得意な持ち方をすれば攻撃力は半減し防御力も低調となる。これでは試合において自分の実力を最高に発揮することは困難となるであろう。勝負の場にあってはどんな個所を握っても相手を倒せる技を持ち、また、倒されないという腰を持つことが必勝のゆえんである。

たとえば、下からを得意とする人が常々そのように相手と組めればよいようなものだが、相手もまた、下を握るのを得意とした人であればお互いに下から下からの手の取り合い、つまりはこれに終始し技を掛けるチャンスを失くして引分に終わってしまう。また、膝をついたために判定負となる。これは上から得意とした人の場合も同様なことがいえる。そこで練習の際には相手が下から組めば、それに逆らわずにつとめて上部を握って組むように習慣づけ相手が技を掛けやすいようにする。そうすれば相手の強烈な技が自分の弱い個所を集中攻撃するので刈られ、跳ね上げられ、巻き倒される。仮に一日100回投げられたとすれば、そのつど一つの技に対する受け腰というものが少しずつではあるがそなわってきて、次の日99回、98回と日を追うにつれて腰が強固になるとともに倒される回数も少なくなってくる。ついには1回も投げられなくて済むようになるだろう。

柔道というものは〝まず投げられて相手を投げる〟まさに言葉のとおりである。また、この間に不得意な個所を握って相手を倒す技を研究しこれを得意技とする。次回、同じ下襟を好む相手と遭遇した場合、前回のように下から下からの組み手争いすることなく無駄もなく、鍛えに鍛え抜いた強腰をもって相手に下を取らせ、自分は上を取り、新しい得意技で相手を叩きつけることが可能だ。

この練習方法は永続させることが肝要で、目的のためには絶対に自分の意志を曲げない信念と冷静心と考究心がなくては成功しない。ややもすれば投げられるたびにアイツは弱い、だらしがないと同僚間や先輩に囁かれ、ついカッとなって面目を施すために本来の目的を忘れがちになる。

強くなるには以上の他にいろいろと条件があるが、要するに創意、工夫、努力この三つはその一人ひとりを最大限の実力者にする重大な要素である。

Section.1

投技編

物体が倒れるというのは、重心が一方にかたより、安定度が失われるからである。つまり、不安定な形ということができる。特に柔道の場合、相手と対していて、身体の安定を保ちながら移動してはいるものの、相手の引き、押しなどで体の動きが激しくなり、そのつど重心が他に移り不安定な姿勢となる。また、安定した体勢にたち戻らんとするときの一瞬のすきに乗じて迅速に技を施せば相手を倒せるわけである。

しかしながら、これらの分類は便宜上のものであって、例えば、腰技であるところの払腰を掛けるにしても、相手を払い上げる左右の手の引き、腰、さらには払い上げる脚、これら三つが一体となってこそ効き目が生じるのであって、決して一部分のみの働きによって成功するものではない。そこで投技の習得法としては打込練習において、まず相手を倒す方向を見定め、それに対しての自分の引き手、または腰の位置、足の払いなどを理論的に究明しなければならない。さらにこれを納得のいくまで反復練習し、自分の筋肉、反射神経に叩き込まなくてはならない。

この投技編においては、柔道を修行する者が個々の技にはいる前に習得すべき姿勢、組み方、体さばき、受身の基本動作ならびに手技、腰技、足技の代表的な技と捨身技の裏投、巴技について解説する。

投技編

第1章 投技の基本動作

姿勢

　姿勢は投技の基本であり、時には勝負の決定的要素となり得ることもまれではない。したがって姿勢の良否は柔道修行の上達に著しく影響を与える。柔道を学ぶ者に常に正しい姿勢をもってのぞみ、正しい姿勢から理論的な技を習得することが望ましい。

　柔道の姿勢には自然体と体を曲げた自護体があり、自然体の中には右自然本体、左自然本体がある。自護体は右自護体、左自護体に分けられる。自然体とは自然に立った状態で、相手の攻撃に対し、速かに防御、攻撃に移れる最適な姿勢である。

　自然本体とは両足のかかとの距離およそ一足ぐらいで体を伸ばし、ゆっくりと両膝に上体をかけ、目は水平線の彼方を見るようにする。要するに何のこだわりも持たない体のことを学ぶのである。さらにこの状態から右足をこころもち前方に進めた姿勢を右自然体といい、左足を少し前に踏み出した状態を左自然体という。自護体とはもっぱら相手の攻撃に対し防備するためにとられているが、時には特殊な攻撃を加えることもある。また、自護本体とは自然本体よりも、やや足幅を広めた姿勢で、それより右足を踏み出したのが右自護体、左足を出したのが左自護体という。共に顔は正面に向ける。

右自然体

自然本体

左自然体

右自護体

自護本体

左自護体

組み方

柔道を練習するについて相手と組むには、相手の姿勢に応じたところのいろいろな組み方があるが、基本的には自然体と自護体に分けられる。

■自然体の組み方

右自然体の姿勢で対して、互いに右手で相手の左襟、左手で相手の右中袖外側を握って組む。左の場合はその逆となる。

■自護体の組み方

右自護体の姿勢で対して、互いに右手で相手の左脇をしっかりと握り、左手で相手の右手奥袖外側を取って、その腕を自分の左脇に引き締めて組む。左自護体の時はその逆となる。

右自護体の組み方

右自然体の組み方

左自然体の組み方

左自護体の組み方

投技編 15

体の移動

相手に技を掛け、投げようとするには、自分の体が十分に安定した位置にいなければ、施した技の効果がないばかりか、その虚に相手から乗ぜられて、反対に倒されるという結果にもなりかねない。そこで体の位置は勝敗を決定づけるといっても過言ではないくらいもっとも大切な役割を果たすものである。したがって、常に体を前後左右と移動させ、攻撃しやすく、守るのに固い位置に置かなくてはいけない。

ところで、体を移動させるには進退の動作によらなければならないが、その基本動作は**継ぎ足**、**すり足**である。

継ぎ足とは右自然体に構えた場合、右足を一歩前進し、左足もこれに従って前進する。その時、常に一定の間隔を保っていることが肝要で、足を上にあげたり、足が体より先になったりしないよう、また、体が左右にゆれ動かないようにして前進したり後退したりする。そうでないと、いずれか一方の足に重心がかかった瞬間を相手に攻撃され、自分が倒されることになるからである。

体さばきは、試合においても練習においても数えきれないくらいのさばき方があるものの、基礎となるべきものには右と左のさばき方がある。

元来、進退も**体さばき**も相手を投げる目的のための一連の動作であって、体の移動変化においても足幅は広くなく狭くなく、体と共に足が移動するように心掛けねばならない。

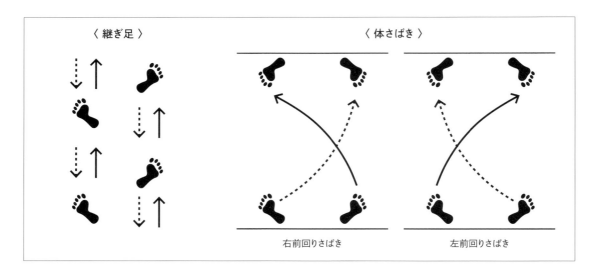

〈継ぎ足〉　〈体さばき〉

右前回りさばき　　　左前回りさばき

八方崩し

相手を不安定な位置に誘導するには人それぞれの特徴があって多種多様な方向に分かれるが、自然本体を基とした場合、代表的となる八つの方向がある。そのいずれもが今一歩相手を押すか、引くか作用すれば倒れる状態となる。つまり、この一瞬の好機をとらえて足か腰に適切な技を施せば、相手はいとも簡単に投げ倒すことができる。

左前隅

前

前
左前隅　右前隅
左　←　→　右
左後ろ隅　右後ろ隅
後ろ

右前隅　　　左　　　　右　　　左後ろ隅　　後ろ　　　右後ろ隅

受身

受身とは、投げられても痛みを感じない、また、体を損傷しない、すなわち安全に倒れる方法をいう。受身が上達すれば、投げる者より投げられる者の疲労の度が少ないといわれるくらいで、初心者の間はとにかく投げられることから始まり、投げられてから投げることを覚えるものである。

受身がうまくできなければ、相手に投げられることの恐さに姿勢が悪くなり、動作においても融通性がなくなり、思わぬケガをすることにもなる。だから、初心者はどのような無理な技にも即応できる受身の訓練が大切である。

●後方受身
自然体のまま上体を下げ、臀部をかかと近くにおろし、両手を上げて体を後方に捨てながら受身をする。

●横受身
自然体より、右足を左足前に軽く伸ばしつつ腰を下げ、右手を前方に上げて受身をする。

●前方回転受身
自然体から、右足を一歩進めて左手を、次に右手をつき、左つま先で軽く畳を蹴り、車輪のように体を丸く回転させ左手で受身をする。

●受身
正しい手のつき方

悪い例

●受身
正しい足のつき方

悪い例

●前受身
自然体より、次第に前方へ体を倒しながら両手を八の字形に構え、左右の前腕で体を支える。

 ←  ←  ←

投技編　19

第2章

手 技

　手の動き方も押す、引く、引き上げる、引き下ろす、相手の姿勢によって、自分の技によってその方向も千差万別である。その引き押しに一分の狂いが生じても勝敗に影響することが大きく、常に正しい位置に的確にしかも迅速に引き崩さなければならない。相手がどんな大きい人でも瞬時のうちに虚を捕れば一方の方向に重心が移動して、安易にして倒されるものである。だから練習の際には消極的になることなく、大きく胸部を一様に開き、自分の胸部に向かって相手を吸い寄せるような気持で、しかも渾身の力をこめて一秒の何分の一の早さを持って引き、かつ押さなければならない。

●手技の1　肩車（かたぐるま）

　この技は決まると誠に見事である。相手が攻撃してきた時、またのしかかってきた時など、自分の体を低くしながら相手を十字にかつぎ上げ、前かあるいは横に投げるのである。現在、手技として投げの型にはいっている。ここでは、型に組まれた肩車を説明する。

[技を掛ける機会]　相手がのしかかってきた時、または自分で大内刈、小内刈を掛け相手を崩して掛けることもできる。

[肩車の防御]　相手が技を仕掛けた時、相手の肩を押して逃れる。

①互いに右自然体を組み、②取りは体を低くして右手を伸ばして股に差し入れ、③相手をかつぎ、④上げる。⑤左肩の方向に、⑥大きく投げる。

実践の肩車

①右に対していて急にかがみこんで、②左手で右手を引き下げ、③右手を股より差入れて右足を抱え込み、かつぎ上げ、④⑤そのまま左肩の方向に投げる。

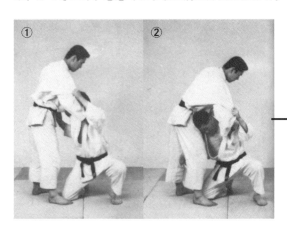

① ② ③

④ ⑤ ⑥

③ ④ ⑤

投技編 21

●手技の2　体落(たいおとし)

　体落は、柔道修行者のすべてが使用するといわれるくらい一般に知られている技である。特に足技から連続変化して体落を掛ける機会は多く、一度失敗しても、2回、3回と続けて掛けることもできる。また、裏を取られるという心配が少ない技でもある。

　この技を施すには、右自然体に組んでいて相手が右足を一歩踏み出そうとした時、踏み出した時が最適で、この右足を他に動かすことのできないように、すなわち棒のように固定させ、この位置で自分の体を左にひねり右足を右足前方に当てがい、右膝を伸ばすと同時に相手を回転させる。

①右自然体に組んでいて、②相手が右足を後方に引いたとき、直ちに右足を進め、体を左に開いて左足を引きつけ、③右足を相手の右足前方に当てる。④右膝を伸ばし同時に両手を引き下げて相手を投げる。

[技を掛ける機会] 右に組んでいて相手の右足が出た時、または右足を進めんとした時、相手が右足を横に開いた時。
[注意する点] 相手を投げる時、引き手と同時に右膝を伸ばせば相手は倒れる。
[体落の防御] 相手が技を掛けた瞬間、相手の引き手を強く後方に振り切って逃れるか、相手の右足を飛び越えて逃れる。

■ポイント
右手で相手の体を自分の左足かかとに引き、左手では右手を真下に同じく引きおろす。
■返し方
相手が技を掛けてきたら軽く相手の右足を飛び越え、相手と前向きになり、左足を相手の右足膝裏に引っかけ、小外刈で倒す。
■連絡変化
1．体落から体落へ。
2．大内刈から体落へ、送足払から体落へ。

①

②

相手の右足に右足を
当てたところ。

投技編 23

● 手技の3　**背負投**(せおいなげ)

　この技は手技というより、むしろ腰技である。この腰の技法は一本背負投、釣込腰、腰車などに利用され、将来腰技の基本ともなるべき技である。我流の背負投は禁物でその悪癖はなかなか直りにくい。だからしっかりした基本背負を身につけるべきだ、この背負投は小さい者が大きな相手を投げ得るというただそれだけの利点ではなく、これを得意とすることは自体の腰が強靭にもなり、相手の技に対して倒されない腰を養成することにもなる。

　この技の欠点は肘関節、腰椎を痛めがちになり、伸び悩みの傾向の原因にもなる。理由は練習と違い試合ともなれば、互いに両脇を固め、体を後方に下げているため、技を施そうとする時、相手の左手を無理やり押し上げ、右肘を相手の左脇下に入れなければならない．そのため肘に強い負担がかかり、捻挫を起こす原因となる。また腰椎にも同様な負担がかかり、痛める結果となる。

　だから一応背負投の技術が向上したら同系統の一本背負投に転向し、背負投によって培われた腰のねばりと脚力を活用して大いに技を伸ばすことが賢明である。

[背負投の防御] 左手で相手の右手を制して自分の脇下に入らせない。相手が技を掛けてきたと同時に自分の両膝を屈し、相手を後方に引き落とす。

① ②

自体の両足の中間に頭を深く下げる。

①右に対していて相手が右足を進めたと同時に自分の右足を自分の左足前方に腰を低くして進め、②右肘を相手の右脇下に入れ、左手では大きく引きつけ、③相手と後ろ向きとなり腰で跳ね上げれば、④相手は倒れる。

■ポイント
右手を深く脇下に入れ、相手の体を浮き上がらせ、左手で相手の右手を自分の左肘のほうに引きおろす。このままの姿勢で腰で跳ね上げる。

■連絡変化
体を屈して防御したら大内刈、小内刈に変化して投げる。

③　　　　　　　　　　　　　④

●手技の4 **一本背負投**（いっぽんせおいなげ）

　この技の原理は背負投と同じものであるが、形の上で異なるところは左手で相手の右手を引き、右手は右手の脇下に入れて相手の右手を両手で肩に制して投げる技である。小さい者が大きな相手を倒すのに便利な技とされているが、しかし大きな者は払腰、大外、刈内股ばかり掛けて一本背負投を使用していないのが現状である。長身のものでも外国人などと対戦した場合小さい者になるわけで、長身者のもっとも弱点とする腰の線を狙う一本背負投を必要としなければならない。

　堂々とした体躯の者がこの技を共に併用したら、試合にはかなりの成績を残すだろうし、ひいては日本柔道界の実力の向上に大いに役立つだろう。

[技を掛ける機会] 相手が押してきた時、または体を伸ばして右手で奥襟を取りにきた時、あるいは相手が右前隅に崩れた一瞬。

[注意する点] 技を施した時、体を強く屈してはいけない。この場合、腰を深く入れないで浅いほうが

〈 一本背負投の基本動作 〉

前から見たところ。

横から見たところ。

効果がある。深く背負うと後方から相手に絞められるため、相手の右手を右肩で制することが大事。背負った場合の足幅は、広からず、狭からず、安定を保てる広さがよい

[一本背負投の防御] 右手をいち早く引抜くか、腰を飛び越して逃れる。相手の腰が当たる寸前に自分の腹部を突き出して受け止め、直ちに引き下げる。または膝をくの字にして相手の臀部を押してやる。あるいは自分の左足を相手の左足に巻きつける。

一本背負投の足と膝の位置。

試合の時、よく見受けられる例
①相手が右手を伸ばしてきた時、②奥襟を握ろうとした時、右足を前に右手を下げ、③相手が奥襟を取った瞬間、両手で右手を引き下げ、これを肩に制して体を開き、④浅く腰を落として頭を下げ、下半身のバネを効かせて腰で跳ね上げる。⑤相手は大きく肩越しに旋回して倒れる。

■ポイント
右肩が相手の右脇下に、相手の右手を左手で自分の肘のほうに引き下げて引きつける。

■返し方
相手が技を掛けてきたら一瞬早く膝を曲げ、体を低くして左手で相手の左横帯を握り、両手に力をこめて相手を抱きかかえ、自分の後方に投げる。

■連絡技
相手が右足を右に開いたら自体を右に転じ大外刈を掛ける。また相手が腰を飛び越して逃れようとした時は右手のひらを右足膝上部に当てて投げる。

投技編　27

襟を持って掛ける一本背負投

①相手が右に組んで、自分は左手で右襟を取り、左手も中襟を握り、②体を低くしながら右足を進め、左手で直接相手を自分の肩に引きつけ、右手を放して相手の右手の内側より回し上げ、③両手で相手の右手を自分の肩で制し、体を開き、④⑤頭を下げ、膝を伸ばして肩越しに相手を大きく跳ね上げて投げる。

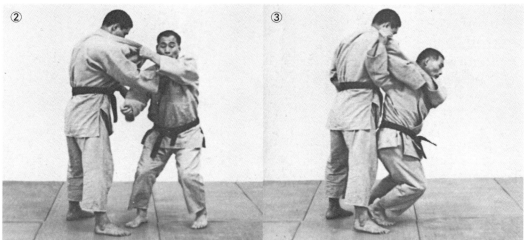

足を平行にしての一本背負投

①右に対し、②相手が右足を進めて、それとほとんど同時に体を低くしながら右足を左足前にあたかも両足が平行になるように揃える。③左手で相手の右手を引きつけながら、右手を右脇下に入れつつ、右足を引きまわし相手と後ろ向きになる。④両手で右手を強く引きつけて制し、腰で跳ね上げれば、⑤⑥のように投げられる。

投技編　29

左の一本背負投

①右手で襟、左手で相手の右手を受け止め、②相手が右手で左襟を取ろうとしてきた時、体を低くして、③左足を進め、次に右足を引きつけ、相手と後ろ向きになりながら、④右手では直接襟を肩に引きつけ、左手は相手の左手を強く肩に制して、⑤⑥のように腰で跳ね上げて投げる。

普通の一本背負より腰高で投げる。

両腕を割っての一本背負投

①相手が左右の手で自分の両襟を握っている時、②相手の右手を左手で引き上げながら右足を進め、右手を相手の左肘上より通して右脇下に突込む。③次に左足を引きつけ、相手と後ろ向きとなる。さらに両手で右手を強く肩に制し、腰で跳ね上げれば、相手は左手で自分の背中を押し、手を伸ばしたまま、④⑤⑥のように回転する。

相手が左手で自分の背部を押しても、そのまま腰で跳ね上げれば相手は回転する。

投技編　31

大内刈からの一本背負投

①相手の右手を抱き込み、②右足を進め、左足を引きつけ、③右足で相手の左足に大内刈を仕掛け、倒しきれないとみるや、④相手の右手を右肩に引き上げ、相手と後ろ向きとなり、⑤腰で跳ね上げて、⑥のように一本背負投で投げる。

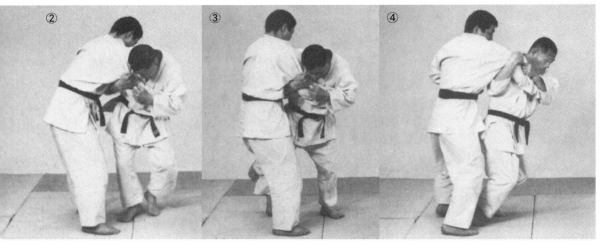

体を開きながら相手の右手を肩にかつぐ。

小内刈からの一本背負投

①相手の右手を両手で抱え込んで、②③小内刈を仕掛け、④相手が右手を引き下げるのと同時に右足を相手の右足前方につき、⑤左足を引きつけ、相手と後ろ向きとなり、右手を肩にかつぎ上げ、腰で跳ね上げ、⑥一本背負投で投げる。

投技編 33

受けの一本背負投より
取りの絞め

①右に対していて、②相手が一本背負投を掛ける。③これを上から下に相手を押しつぶしながら、右手を左肩口より咽喉を通して右奥襟を親指を内にして握り、右手では左襟を浅く取り、④相手を後方に引き落として送襟絞で制する。

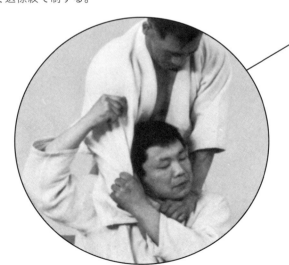

送襟絞で相手を制したところ

一本背負投から大外落へ

①②一本背負投にはいったものの、相手が腰を突き出して技を防いだため、③体を開きながら半身となり、両手で相手の右手を引きしぼり、右足を相手の右足に引っかけ、④引き手の方向に自体を預けながら、相手の右足外側方向に押し曲げ、大外落としでかかと右側に倒す。

一本背負投から小内刈

一本背負投を相手が腰を出して受け止める瞬間、体をひねり、相手の右手を両手で引きつけ、右足を進めて捨て身の小内刈を掛け、相手に体を預けて刈り倒す。

一本背負投の応用／その1

①右足を進め、体を開きながら、②左足を右足に引きつけ、一本背負投をかける。相手が腰をぶつけて技を封じたため、③急転して体の向きを変えながら左足を右足後方に引き下げ、右手を伸ばして、④その手のひらを膝裏下に当てる。外無双の形に。⑤これを支点として相手の膝を押し曲げ、左手で相手の右腕を制したまま肩で押し込み、相手の右足後方に上体を預けて倒す。

① ②

一本背負投の応用／その2

①互いに右で組んだ場合、体を開いて、②一本背負投を施したが効果がない。③そこで体を転じ、右手を下げ、その手を膝裏に当て相手の後方に押してみる。④相手が倒されまいとして右足に力を入れたその反動を利用して、手はそのままにして自体をひねり腰を浅く入れ、⑤再び相手に背を向けて背負投で投げる。

① ②

一本背負投の応用／その3

①相手は自分の両襟を両手で握り自護体、自分は左手で袖口、右手で奥襟を握り、やや右変形に組む。②右足を進め、自分の前膊内側（肘に近いほう）で相手の左手首を外から内に制し、さらに左手で相手の右手首を左手首に引き寄せ、重ねて引きつけ、相手の両手をあたかも一本の棒のように伸ばして両手で相手の両手をしめつけ、③体を開いて相手の両手首を自分の肩に浅く背負い込み、自分の右肩を上にあげるようにすると、④相手は左手に苦痛を覚えながら共に両手も引き抜くこともできないまま棒立ちとなる。その際に腰を上げると、⑤相手は右横に倒れる。

① ②

③　　　　　　　　　　　　④　　　　　　　　　　　　⑤

③　　　　　　　　　　　　④　　　　　　　　　　　　⑤

③　　　　　　　　　　　　④　　　　　　　　　　　　⑤

投技編　37

一本背負投を掛け、相手が後方から足をからませた場合

①互いに右に組んでいて一本背負投を掛けたが、相手が左足を自分の左足にまきつかせで逃れようとしたため、②③右手は引いたままにして左手を伸ばして相手の左足首を取り、左足を後方に伸ばして左手で左足をはずし、④そのまま左手のひらを添えて跳ね上げ、⑤右肩を下げながら相手を真下に投げる。

第3章

腰技

　釣込腰、払腰、大腰などのように相手の体を腰で跳ね上げるのにもっとも必要な条件は、右足を左足前方に斜めにかかとを上げ、爪先立ちの姿勢で踏み出す。次に左足を右足かかとに小さく引きつけながら回転し、完全に相手に後ろ向きの状態から自分の後腰が相手の下腹部を当てた位置から上部にずリ上げるようにして跳ね上げるのである。往々にして後腰で相手を下部に押し下げて、その後、上に跳ね上げる傾向が多いが、これは理論的な技法でなく、したがって効果も薄い。

●腰技の1　払腰（はらいごし）

　この技は身長の高い人にとっては誠に有利な技である。相手の奥襟を取って右に対した時、右足つま先をやや内側に、踵を外にして相手の右足内側に進め、左右の手で大きく相手を引き寄せ、体を左に開きながら左足を自分の右足に引き回し込んで体を支える。続いて右足を上げ、右内股のところを相手の右前股に膝を伸ばして当てがい、これで払い上げて投げる。

[技を掛ける機会]　相手の姿勢が自然体に立ち直った時、または右足を進め、前隅に重心がかかった時。

[注意する点]　相手を引き寄せるときは、自分の胸部を開き、右拳を自分の右肩に強く引きつけるようにし、左手では相手の右手を左脇下に引き、自分の右背部と相手の胸部を密着させる。また、払い上げる右足はくの字に曲げないで軽く伸ばして当てがうことで力が入る。

[払腰の防御]　相手が払腰を掛けてきたら、瞬時に腹部を突き出し、右足を後方に強く引き下げ、右手を振りきって技を避ける。一連の動作を同時に行うこと。

両手で相手の体を自体に充分
に引き寄せることが大切。

投技編　39

①互いに右自然体に組んでいて、②相手の右足が下がると同時に自分の右足を左足前方に進め、③体を左に開き、右足を相手の右足前方に当てがい、両手で相手の体を大きく引きながら、④右足で払い上げると相手は回転する。

相手の右足に右足を当てたところ。

■ポイント
左手で相手の右手を左脇下のほうに引きしめ、右手は相手の後首を自分の右肩に引き寄せる。

■返し方
一応払腰を受け止め、相手が体を元に返そうとした時、自分の左手で右手を強く引きながら体を左に転じ、相手に後ろ向きとなり、一本背負投を掛ける。

■連絡技
相手が右足を右足で股いだときは内股、または右足を出して技を封じた場合は大外刈に転ずる。

払腰から内股

①互いに右組みに対して、②払腰を掛けたが、③相手が右足を越えて技を逃れたため、④右足を股の間に入れ、⑤これで相手を跳ね上げて、⑥完全に倒したところ。

相手が右足で股いだ瞬間、自分の右足を後方に大きく跳ね上げる。

投技編 41

片襟を取っての払腰

①相手に対し左手で肘、右手は相手の右奥襟を逆に、ちょうど小指が頸部に当たるように取る。②右足を左足前に進めながら、③体を左に開き、左足を引きつける。④相手と後ろ向きとなり、左手は左脇下に右手では右脇にそれぞれ引きつけ、右足で払い上げて、⑤のように投げる。

左右の手で相手の右手を自体に引きつける。

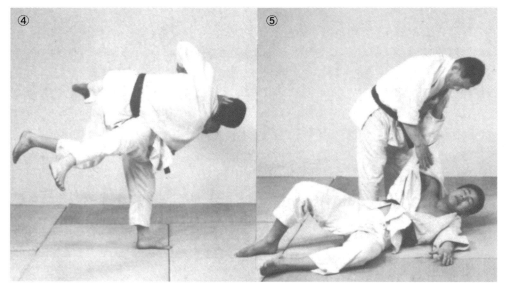

払腰から払巻込

①②払腰を施したが、相手の上体が少し崩れただけで払い上げることができない。③④⑤そこで右手を放し、自分の右足方向に自分の体とともに左の方向に強くひねり、相手を自分の後腰にのせ、右足で払い上げ、巻き込んで投げる。

右手を放して自体背部が
畳に着くように回転する。

投技編　43

●腰技の2　跳腰(はねごし)

　跳腰は相手に背を向けて自分は左足で立ち、右足を相手の右足にくの字に曲げて当てがい、これで相手の体を跳ね上げて投げる技である。柔道技のなかでも、大きく相手を旋回させる豪快な技で、体の大きい者が得意とする技である。

　練習などの場合は、相手が自然体でいるため技の効力はあるが、試合ともなれば相手が腰を引き、体を曲げているため、なかなか互いの体が密着せず、掛かりにくい技である。

[技を掛ける機会]　相手の姿勢が自然体になった時。または右足を進め、前隅に重心がかかった時。

[注意する点]　この技を施す時は、全身火の玉のごとく相手の懐に飛び込んで、一瞬のためらいもなく跳ね上げることが成功の秘訣。反対に返されはしないかなどとためらって技を仕掛けてはならない。

[跳腰の防御]　相手が跳腰を掛けてきたら、すかさず自分の左足を相手の左足に外側から引っかけて左後方に倒す、または掛け足が高い時は右足を伸ばして相手の左足膝下に前方から足先を当てがい、右手を強く引きながら相手を投げることもできる。

44

①互いに右に組んでいて相手が右足を進め、右足に重心がかかった際、自分の右足を自分の左足の前方に膝を屈して進め、②左足を右足近くに引きつける。左足踵を回しながら、右足爪先に引き寄せ、体を開きながら、③相手と後ろ向きとなり右足をくの字形にして相手の右足に当て、左右の手で相手を大きく引きつけて、自分の右足で相手の右足を外側に開かせるようにして跳ね上げれば、④相手は大きく倒れる。

■ポイント
右手を左手で、自分の咽喉の方向に引き、右手ではこぶしが自分の右耳に接近するように引きつける。

■返し方
相手が跳腰を掛けてきたら後腰、移腰、裏投に変化して投げることもできる。

■連絡技
跳腰を掛けて相手が体をそらして防いだ場合、すぐに右足を伸ばして大外刈を掛ける。相手が浮き上がった状態のまま倒れない時はそのまま跳巻込に変化して投げる。

右足をくの字にして当てたところ。

投技編 45

片襟を取っての跳腰

①片襟の払腰と同様に右手を逆に取る。②右足、③次は左足を進め、相手と後ろ向きとなる。④右足をくの字にして相手の右足に掛け、⑤⑥左右の引き手を効かして右足で跳ね上げ、相手を投げる。

払腰と同様に、両手で相手の右手を自体に引きつける。

跳腰から払腰

①互いに右に対し、②相手に跳腰を掛けたが、③相手は自分の右足を右足で股いだので、④自分の右足をさらに前方に伸ばして払腰に転じ、⑤⑥のように大きく投げる。

相手が股いだら素早く右足を伸ばして払い上げる。

跳腰返し

①右に組んでいて、②相手が跳腰を放つ、③跳ね上げようとする右足を伸ばして、その土踏まずのあたりを相手の右足首前方に当て、これを支点として引き手を効かせば、④⑤のように相手は大きく回転して倒れる。

跳腰の受け方

①②相手が跳腰を掛けた時、③自分の左足を伸ばして、その足先を相手の左足に引っかけて防備し、また後方に倒す。

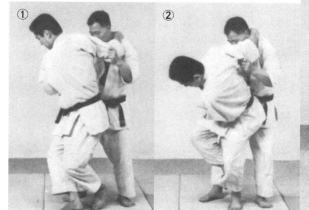

腰を落としながら左足を
相手の左足に掛ける。

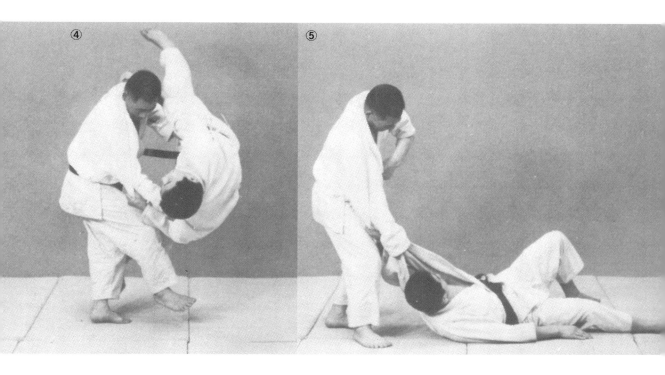

投技編　49

●腰技の3　釣込腰(つりこみごし)

　釣込腰は柔道の腰技の中でももっとも難しい技として知られている。しかし、困難なかわりに一度習得したら長身の相手でも簡単に投げることができる有利な技である。

　相手の上体を直接に自分の背中に密着させることなく、ごく自然に爪先立たせるように両手で作用し、背負投のときよりも一段と腰を低くして投げる。

　戦前には、この技を得意とした達人が数多く輩出したが、最近では釣込腰を習得するのが困難なためか、その妙技に接することがないのは残念なことである。特にこの技は練習、試合に効果のある技であるため、柔道修行者は大いに研究、工夫したいものである。ここで説明する釣込腰は、練習いかんによっては直ちに応用できる技でもっとも奏功する技である。

[技を掛ける機会] 互いに右自然体に組み、相手の体が右足にのった場合、あるいは相手の右足が横に開いた瞬間。

[注意する点] この技を掛ける時は思いきり腰を落とさないと奏効しない。また、両手の引きの良否は技の効果に重大な影響をもたらすものであるために、右手を上部に釣り込み、左手はこれを助けて自分の咽喉方向に引くことが大切。

[釣込腰の防御] 相手が技を掛けてきたら、左膝をくの字に曲げるか、素早く相手を後方に引き倒す。または右足で相手の腰を飛び越えて防ぐ。

釣込腰の腰と足の位置

釣込腰の基本動作

■ポイント
両手で相手の上体を充分に釣り込み、腰が相手の右膝の少し上部にピッタリ位置するようにする。

■返し方
相手が技を掛けてきたら自分の体を後方に移動させ、相手を仰向けに倒す。相手が技の効き目がなく、体を元に戻そうとした時、左膝を曲げてこれを相手の臀部に当て両手に力をこめて相手を跳ね上げて投げる。

■連絡変化
釣込腰を掛けて相手が左足を出して防いだ時は大内刈、右足を横に開いた場合は大外刈に転ずる。また、相手が右足を前方に踏み出して逃れようとする時は体落としに変化する。

④　⑤

①右に対して相手の右足が出た時、②両手で相手の体を釣り上げながら右足を進め、ついで左足を引きつけながら、③体を開き、右肘とこぶしで相手を前方に崩し、左手を引き、腰を充分に低くする。④両手は相手の体を釣り込んだままにして腰を伸ばせば、⑤相手は転倒する。

左変形に対した場合の釣込腰

①相手が左変形に対し、自分は両襟を取り、やや浅く組む。②相手の左足内側に右足を進めながら腰を落とし、両手で相手の体を釣り上げながら、③左足を右足近くに引き寄せ、相手と後ろ向きとなり、右手は肘を相手の脇下に入れて釣り上げ、左手は自分の咽喉の方向に引き、④右手は相手を釣り込んだまま、左手は引きつけたままの姿勢で、⑤⑥腰だけを伸ばせば相手は両足を高く上げて投げられる。

袖釣込腰

①相手が左手で奥襟、右手で左肘を取った時、対して自分は左手で右襟、右手で左肘を握り左に組む。②右手で左肘を上部に上げながら上体を低くして、③右足を相手の左足前方内側に進め、④さらに左足を引きつけ、体を開いて相手と後ろ向きとなる。⑤左手は自分の咽喉方向に引き、右手を直角にして肘を相手の脇に強く突き込み、⑥両手の引き手とともに膝を伸ばして腰で相手を跳ね上げる。

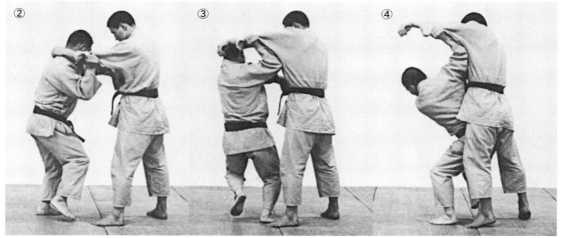

投技編

釣込腰から大外刈

①②③右自然体から釣込腰を掛けたが、相手が右足を前方に伸ばして逃れたため、④⑤⑥相手と半身になりながら、左手は一段と強く引きつけたまま右手で咽喉部をこぶしで押し、右足で相手を右足横に刈り倒す。

両手の引きが緩まないように右足を引っかけて押し倒す。

釣込腰から大内刈

①互いに右に対して、②右足を進めて、③次に左足を引きまわし、釣込腰を掛けるが、相手が腰を前に突き出したため、④体を右に開きながら自分の右足を相手の左足膝裏に引っかけ、⑤⑥左手では引き、右手では押して左足方向に倒す。

素早く相手と前向きになり右足で引っかける。

投技編 55

釣込腰から体落

①相手に対し釣込腰を掛けたが、②相手が右足を前方に進めたので、③相手の重心がのったその右足に自分の右足を伸ばして当て、④⑤のように体落で投げる。

相手の右足に重心が移った瞬間、素早く右足を伸ばす。

左手を順にとっての袖釣込腰

①右に対し、②体を落としながら左足を自分の右足前方に進めつつ、相手の右手（肘のところ）を上に突き上げながら、③右足を引きつけ、相手と後ろ向きとなり、左右の手で相手を引きつけ腰で跳ね上げると、④⑤⑥のように相手を投げられる。

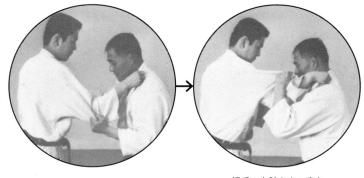

相手の右腕を上に突き上げながら腰を落とす。

① ② ③

④ ⑤ ⑥

低い釣込腰

①相手が自護体の時、自分は右手で奥襟、左手で肘を握って右に対し、自分の右足を左足前方に進め、②ついで左足を引きつけ、腰を低くし、③さらに低くし、④相手と後ろ向きとなる。左手は顎部に引き下げ、右手では手首を曲げ、その手首で相手の後首を真下に圧し、肘が相手の右乳の下部と当るようにして右手を反して伸ばす。さらに手首で強く相手の後首を押し下げながら腰を上げると、⑤⑥のように相手は投げられる。

右手で相手の頸部を引き寄せて充分に腰を落とす。

●腰技の4 　大腰（おおごし）

　大腰は浮腰と同じような技であり、四つに組んだ自護体の時によく掛ける技である。共に自然体に対した時も施す機会はある。浮腰と違う点は自分の踏み込む右足を相手の右足外側に踏み出して掛けることである。

[技を掛ける機会]　相手が右足を右横に開いた時か、前方に進めた場合技を掛ける。

[大腰の防御]　掛けられた時、自分の腰を低く落として相手を抱き返すか、相手の右足の前方に自分の右足を踏み出すか、または左足で相手の左足に引っ掛けるかして逃れる。

■連絡技
大内刈、小内刈、払腰

①相手に対し、左手で肘、右手で後帯を取る。②体を低くしながら右足を自分の左足前方に進め、③次に左足を引きつけて体をひねり、相手と後ろ向きになり、左右の手で引きつけ、腰を伸ばせば、④⑤⑥のように相手は回転して投げられる。

両手で自分の背部に相手の体を密着させる。

投技編　59

●腰技の5　**移腰**（うつりごし）

　移腰は相手が自分に背を向けて腰技を掛けてきた時、後の先をとって投げる技である。相手が自分より小さいと技が掛かりやすいが、大きい相手や腰の強い相手には掛かりにくい。
[技を掛ける機会]　相手が内股、背負投、跳腰、腰車などの技を腰高にして掛けてきた時移腰を放つ。
[注意する点]　抱え上げる時、相手の足が自分の足にからみつかないように一気に抱え上げ、自分の腰を入れることが大切である。
[移腰の防御]　抱え上げられないように頭を下げ、上体を丸く曲げる。また、抱え上げられそうになったら、相手の右足か左足に内側、外側から足を巻きつけて技を防ぐ。

■返し方
腰車を掛けて、相手が移腰にきた時、自分の体を丸くしながら抱き上げられないようにし、右足を相手の股に入れ、そのまま内股巻込で投げる。
■連絡変化
裏投、足払、後腰

①相手が腰車を掛けてきたら、②体を落としながら左手を放し、相手の後帯を取り、③腰を伸ばすと同時に相手を抱き上げ、④⑤腰を相手の内側に回し入れ、両手の引きとともに腰で投げる。

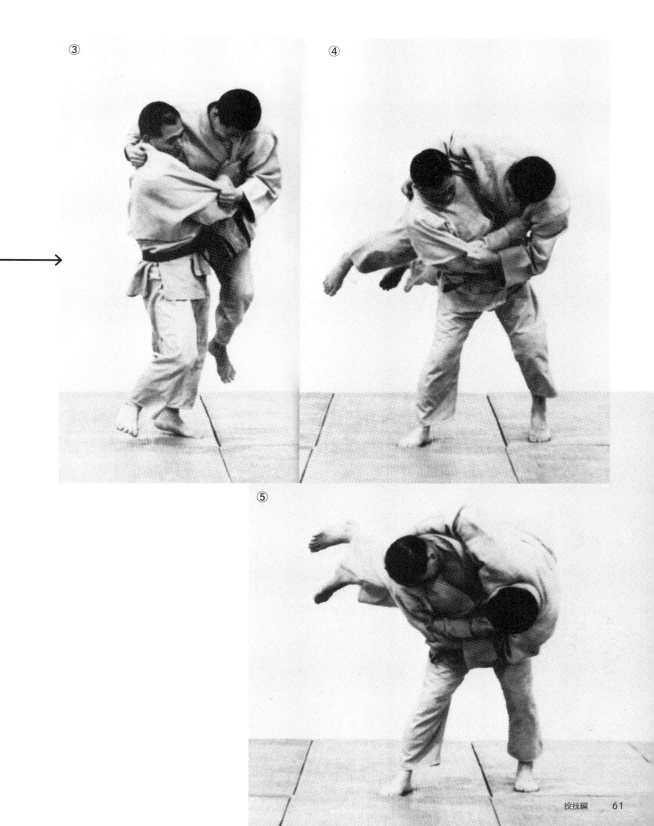

投技編 61

裏投
うらなげ

　相手が内股、または腰技を掛けてきた時、裏をとって投げる技である。うまく裏をとれば相手は受身がとれなくなり、脳震盪を起こすので特に初心者や受身のまずい相手には施さないほうがよい。また練習の際にこの技を過度に掛けると裏をとることに終始して、他の技の成長を防げるので充分注意しなければならない。

［注意する点］相手を抱き上げる時、腰を充分落とし、思いきり力をこめて抱え上げ真後ろに落とす。
［裏投の防御］相手に抱きつかれた時は自分の右足を相手の左足に内側より巻きつけて逃れる。

①相手が腰車を掛けてきた場合一応これを腰で受け、体を落としながら右足を進め、左手で左横帯をしっかり握る。②背後より両手に力をこめて一気に相手を抱き上げ、③④⑤のようにそのまま相手を後方に捨てる。

体を後ろにそらしながら両手で相手を抱え上げる。

内股で倒されながら横車で投げる

①右に組んでいて、②相手が内股を掛ける。③技が功を奏したかのように思われたが、④自分は投げられながら両手で相手を左方向に強く引き、体を半転して、⑤体は半身となり、相手は完全に投げられる。

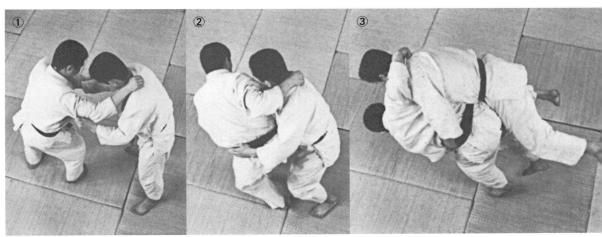

跳ね上げられた瞬間、
軽快に半転する。

投技編 63

●腰技の6　**腰車**(こしぐるま)

　腰車は浮腰と大同小異な技である。異なる点は自分の右腕で相手の首を抱き、自分の腰を軸として相手を投げるのである。

[技を掛ける機会] 互いに右に対していて、相手を自分の両手で右前隅に釣り込み、相手が腰を伸ばしてこらえている時が好機である。

[注意する点] 相手の上半身を自分の右脇に強く制して、腰で跳ね上げる。

[腰車の防御] 腰車を掛けられた瞬間、腰を前方に出すか、右手を引き抜いて逃れる。

①右手で後を取り右に対す。②自体を少し落としながら右足を右足前方に、③続いて左足を引きまわし、相手に後ろ向きとなり、④左手を脇に右手を肩に引き、膝を伸ばして跳ね上げれば、⑤⑥のように投げられる。

①

②　　　　　　　　　　　　　　③

■ポイント
技を掛ける時は、体を極度に曲げないように体の重心を両足の中間において腰で跳ね上げる。
■連絡変化
失敗した時は相手に余裕を与えず、大内刈か大外刈、内股または巻込に変化するとよい。

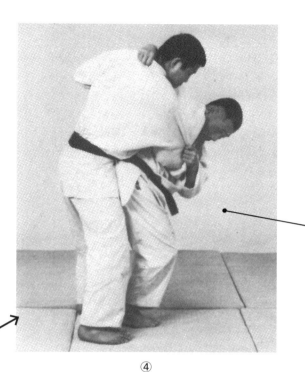
④

腰車にはいった時の姿勢。

⑤　　　　　　　　　　　　　⑥

投技編　65

腰車から払腰

①右に組んで、②相手に対し腰車を掛ける。③相手が腰を越えて体を右に移動させたため、④右足を伸ばして相手の右足に掛け、⑤⑥のように投げる。

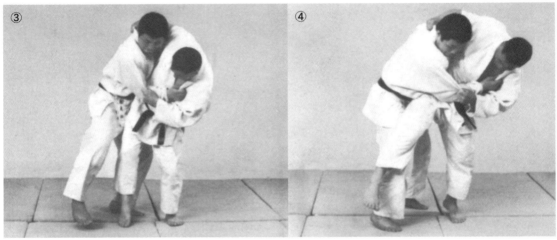

腰車から大外刈

①互いに右に組んで、②自分が腰車を施したが効果がないので、③体を転じて相手と前向きとなり、右足を伸ばして相手の右足をこれで刈り、④⑤⑥のように投げる。

素早く相手に前向きになることが大切である。

投技編 67

腰車から内股

①互いに右に対して、②相手に腰車を掛ける。③相手が自分の腰を越えて逃れんとしたため、④そのまま右足を相手の両股に入れ、内股に転じ、⑤⑥のように投げる。

腰技の受け方

相手が腰車を掛けてきた場合、一瞬、自分の下腹部を前方に突き出して受け、直ちに腰を落として、自分の腹部と相手の後腰との間に空間をつくる。この受け方は腰車のみでなく、他の腰技にも利用ができる。また、このようにすれば相手は連絡技を施そうとしても効果が薄く、自滅しやすい。

⑥

第4章

足技・捨身技

足の働きによって倒す技にも多種あるが、その技によって足の作用の仕方も自然異なってくる。送足払、出足払は払う足を充分に伸ばして土踏まずのあたりで払い、大外刈は左足を大きく相手の右足前方に踏み出し、次に右足を振り出し相手の右足膝下外側を叩き折るようにして真後ろに刈り倒さなければならない、大内刈、小内刈、小外刈は相手の一方の足に自分の片方の足を内、外より巻きつけて体をあずけながらその後方に倒す。もっとも代表的とされる内股は、自分の左足前方に右足を進め、相手に背を向けるや、右足を一線にして伸ばし、相手の右足内股に差し入れ、これで相手を大きく跳ね上げるのである。なお、支釣込足、膝車は相手の右足が出ようとする時、出た瞬間体を右にさばいて左足土踏まずのあたりを相手の右足首前方、あるいは右膝下に当て、これを支点として投げる。

●足技の1 出足払（であしばらい）

出足払は、相手の出した一方の足、あるいは残った足を自分の足裏を返して払い倒す瞬間的な技である。

[技を掛ける機会] 互いに右に組んだ場合、相手を押すようにして左足を前方に進めると相手の右足が下がり、不安定な姿勢となる。そこで相手は安定を保とうとして左足を右足近くに引きつけようとする。その出た左足に技を掛ける。

■ポイント
両手で相手の体を左足かかとに崩し、畳から足裏が上がらないように払う。

■返し技
つばめ返し、大内刈、出足払

■連絡変化
1. 相手を後方に攻めて出足払を掛ける。
2. 出足払を掛けて相手が軽く左足を後方に引いた時、飛び込んで体落を掛ける。
3. 膝車より変化して出足払を掛ける。
4. 出足払より支釣込足に変化する。

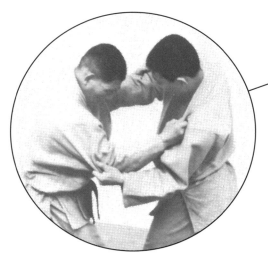

両手の働きはハンドルのように同時に
左手で押し上げ、右手で引き下げる。

①互いに右に組んでいて、②相手を押すようにして、③左足を進めると相手の右足が下がる。その瞬間、不安定となった相手の左足の踝に、自分の右足土踏まずの部分を当て畳と平行に払い、両手の引き手を効かして、④⑤のように真下に投げる。

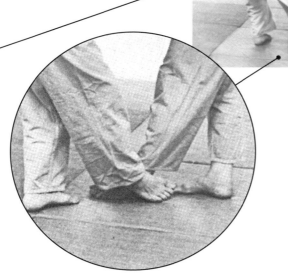

足裏を返して土踏まずの部分を、相手の踝に当て、畳と平行に強く払う。

投技編

受けの出足払より取りの小外刈

①②右に対していて相手が出足払を掛けてきたら、③自分の左足を抜き、相手の右足を股いで、④棒立ちになった相手の左足膝裏にかかとを引っ掛け、両手で後方に押せば、⑤⑥のように倒れる。

左手で相手の右肘を引き下げながら、左足でまたぐ。

① ② ③

④ ⑤ ⑥

受けの出足払より取りの大内刈

①相手が自分の右足に出足払を掛けてきたら、②右足をくの字に曲げ、相手の左足膝裏に引っ掛ける。③左手では引きつけ、右手では押して相手の左足真下に、④⑤のように刈り倒す。

刈り倒す右足は畳と平行に刈る。

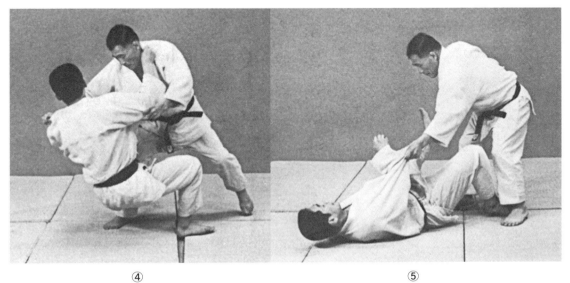

受けの出足払より取りの体落

①互いに右に対していて、相手が左足で自分の右足に出足払をかけてきたとき、②左足を右足近くに進め、③④自分の体を開きながら右足を相手の右足にあて、⑤⑥左右の引き手とともに屈した膝を伸ばせば、相手は前方に倒れる。

燕返し

①右に組み、②相手が左足で送足払を掛けてきたら、いち早くこれを擦知して相手に空を打たせ、③自分の右足土踏まずのあたりで相手の右足を払えば、④⑤のように見事に倒れる。

① ② ③

④ ⑤

●足技の2 **送足払**(おくりあしばらい)

　この技の理論は簡単であるが、技が効くようになるまでには相当な練習が必要である。試合の場合には相手との間合いが離れているため足が届かず、掛ける機会が少ない。しかし、この送足払に熟達すれば同系統の支釣込足、出足払、小内刈などにも長足の進歩をみることができる。

[**技を掛ける機会**] 相手が左足を右足に引きつけようとした瞬間の左足、または相手が右足を斜め引き下げようとした一瞬に掛ける。

[**注意する点**] 練習の場合の相手は姿勢もよく両手に力を入れていない関係上、この技も掛かりやすいが、試合の場合は体を曲げ、左右の手に力がはいっているのでなかなかチャンスがない。そこで試合の際には思いきって腰を前方に突き出して右踵を上げ、左足で遠くを払うことが必要。

[**送足払の防御**] 相手が送足払にくると擦知したら、一瞬右足を抜いて相手の左足に空を打たせ、その足で反対に足払を掛ける。この技は巧妙なしかも瞬間

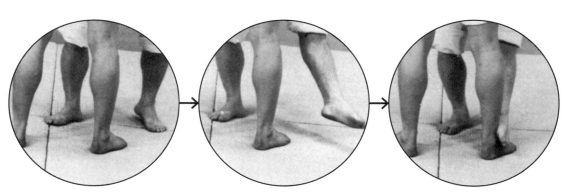

送足払の足の位置。左足を前方に伸ばして相手の右足に当てる。

的な技で、燕返しという名称がつけられている。

■ポイント
両手で体を丸く真横に折り曲げるように作用させ、足首外側を払う。
■返し技
燕返しで反対に投げる。また、相手が足を払ってきたら体を変じて内股に変化する。
■連絡変化
1. 支釣込足から送足払を掛ける。
2. 相手が一本背負投を掛けて、元に向き返ろうとした時に掛ける。
3. 左の送足払から右の送足払を施す。

①互いに右に組んだ場合、②まず、自分から右足を横に幅広く開く、③相手側も左足を横に開き、次に姿勢を保とうとして右足を左足に引きつけようとするこの時、④自分の左足の足裏を返して相手の右足首外側より当て、⑤⑥両手で相手の体を真下に崩しながら、同時に払い上げて倒す。

●足技の3　支釣込足(ささえつりこみあし)

　支釣込足は、相手の体が右前隅に崩れた時がもっとも好機である。その時自分の左足裏土踏まずのあたりを相手の右足首前方に当て、これで相手の体を支え、引き手を効かして投げる技である。

[技を掛ける機会] 相手が体とともに右足を進めようとした時、あるいは右足を後方に引き下げた時。

[注意する点] 技を施す時は右足を相手の左足の内側に爪先を内に向けて入れる。また、相手の足を支える自分の左足の膝が曲がらないよう伸ばして支える。土踏まずの外側の面を直接相手の足首の外側ではなく前方からぶつけるようにすること。

両手で引く時、下方に相手を引かないでできるだけ大きく引く。また投げる時は相手と自分の体が同体となって旋回するようにして倒す。

①　　　　②

③

[支釣込足の防御] 相手が左手で右手を引く時、いち早く右手を相手の左手の下に押すようにして伸ばせば、相手のバランスが崩れて技に掛からない。

■ポイント
技にはいる時は下腹部を突き出し、左手を脇に右手で相手の上体を自分の胸部に密着させること。
■返し技
燕返し、一本背負投、跳腰、払腰。
■連絡変化
1. 支釣込足より送足払、送足払より支釣込足。
2. 支釣込足より大外刈。

支釣込足の足の位置

①右に組んでいて左の引き手を引くことで、相手はバランスを取るために、引かれた側の右足を後方に引く。同時に右足を進め、体を左に開きながら、②左足を相手の右足首前方に当て、③左の引き手を効かし、④⑤のように投げる。

受けの支釣込足より取りの支釣込足

①②右に対して、相手が右足で支釣込足を施してきた。③これに耐え、④相手の右足が畳につこうとする時、自分の左足を進めながら同時に畳につき、体を右にひねりながら支釣込足を掛ければ、⑤⑥のように相手は大きく回転して倒れる。

① ② ③

④ ⑤ ⑥

出足払から支釣込足から送足払

①②右足で相手の左足に出足払を施したが、相手が左足を後方に引き下げたため、③④自分の左足を伸ばして相手の右足首に当て、支釣込足を掛ける。これでも相手を倒しきれなければ、⑤⑥さらに変じて浮き足立った相手の左足に右足で送足払を施せば、相手はこらえきれずに上体を大きく上に上げて投げられる。

①

②

●足技の4 　**払釣込足**(はらいつりこみあし)

　払釣込足は支釣込足とほとんど同じ技で、ただ、相違点といえば、支釣込足の場合は自分の足裏で相手の足を支えて倒すのであるが、払釣込足では足裏で相手の足首を強く払って倒すのである。

[**技を掛ける機会**] 支釣込足と同様。
[**払釣込足の防御**] 支釣込足と同様。

③

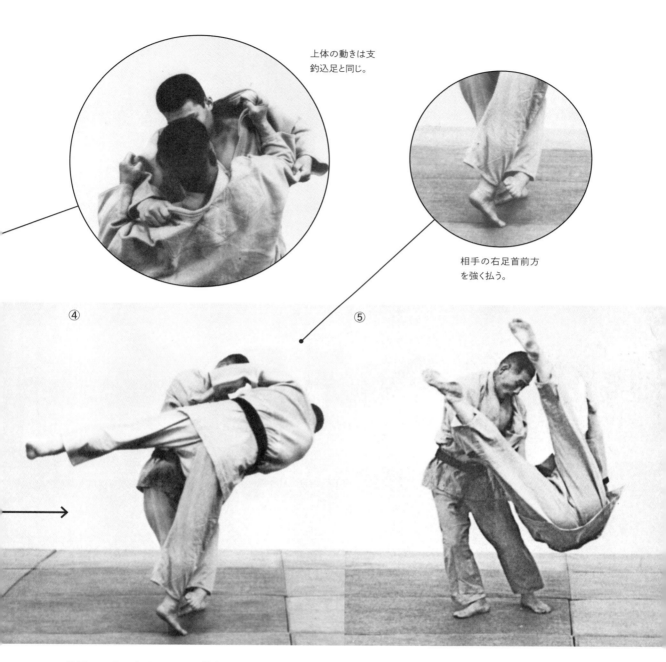

上体の動きは支釣込足と同じ。

相手の右足首前方を強く払う。

①互いに右に組んでいて、②相手が右足を踏み出すと同時に、自分の右足を相手の左足内側に爪先を内にして進め、③下腹部を前方に突き出し、両手で相手の体を釣り込みながら、左膝を伸ばし、④⑤足裏を返して相手の右足首前方に強く当て、引き手とともに体を左にひねれば相手は弧を描いて倒れる。

●足技の5 膝車(ひざぐるま)

　膝車は足技の中でももっともやさしい技であり、しかも軽妙な技法として一般に知られている。自分の左足裏を相手の膝下に軽く当て、それを支点として相手を引きつけて回転させて投げる技である。

［技を掛ける機会］相手が右足を踏み出した時。または踏み出そうとした一瞬。
［注意する点］自分の左足裏を膝下で正しく固定させる。
［膝車の防御］右手で相手の足を取り押し倒すか。右足をくの字形に曲げて防御する。

■連絡変化
変化するとすれば大外刈ぐらいで、他にあまり変化しないほうがよい。

膝車から大外刈

①互いに右に対して、②自分の左足（土踏まずのあたり）で膝車を、③そのまま左足を相手の右足外側におろし、④大外刈に変化、⑤⑥⑦のように刈り倒す。

自体の左足方向に
体の向きを変える。

投技編　85

●足技の6　大外刈(おおそとがり)

　大外刈は相手の右足に重心がかかるように引き崩し、自分は左足を相手の右足の外側に進め、後方から右足で大きく刈り倒す豪快な技である。実際に大外刈が効果的に決まったら相手は受身をする暇もなく倒れ、後頭部を打ち、脳震盪を起こすこともしばしばある。また、相手を半身に倒しても抑込に連絡することも可能である。

　ここで解説する大外刈の技法は筆者独特のものであり、したがって、他技と左右の引き手、刈り足の方向などが異なっているので注意されたい。

■ポイント
技にはいる時は左手で相手の右手を押すようにして膝頭に引き下げる。また右手では相手の体をまるく右足かかと外側に押し曲げる。

■返し技
相手が大外刈を掛けてきた時、反対に大外刈で、または体を左に移動させ払腰で投げる。

■連絡変化
1．支釣込足より変化して大外刈。
2．釣込腰より大外刈。
3．大外刈から大外落。
4．大外刈から大内刈。

①②長身の相手に右に組んだ場合、③相手の右足が後方にさがる時、自分もそれに合わせて左足を少し浮かし気味にして右足外側に進め、④左手を膝頭に引き、右手はずり上げて相手をその右足かかと外側に押し、右足を振り出してかかとを外に向けて一気に刈れば、⑤両足が宙に上がり、頭から先に落下する。

①

②

[上達を計るための単独練習方法]

1．まず左足の親指の上に自体の重心がかかるようにして一歩足を進め、さらに右足を左足に添って平行に踏み出す。重心が揺れ動かないようにして打込み、あるいは道路を歩き訓練する。

2．もっとも大切な刈り足を強力にするために、右手で柱につかまって左足で立ち、右膝を前方に伸ばしてできるだけ遠くを刈る。この際、右足すなわち刈り足が上部に上がらないよう畳と平行に刈ることが肝要。この練習を一日に500回、1000回と行なう。また、刈り足の力を試すため、後方に火をつけたローソクを立て、刈り足がまき起こす風でローソクの火が何本消えるか試してみるのも訓練の方法である。

大外刈の足の位置。

87

左変形に対する大外刈

①相手に左変形に組まれた場合、対して自分は両手で両襟を取り、相手の右足が斜め横に開いた場合、②左足を進め、左手を自分の膝頭方向に引き、右肘を相手の左手脇下に突込み、両手で相手の体を右足小指方向に崩し、③体を低くしながら右足を自分の左足方向に伸ばして、④左右の手は相手を崩したまま、右足かかとを外に向けて、相手の右足を横から強打すると、⑤相手は横に大きく転倒する。

相手の右足の真横に自分の右足を引っかける。

大外刈から払腰

①②右に対していて、相手に大外刈を施したが、いち早く相手が右足を引き下げこれを防ぐ。③そうしたら両手で引きつけたまま自体を転じ、右足を相手の右足前方に当て、④⑤のように払腰で投げる。

引き手がゆるまないようにして自体の向きを変える。

片襟を取っての大外刈／その1

①②右に対していて、相手が取られた左襟を嫌って頭を抜きかけ、③④抜いたとたん、左足を相手の右足小指前方に進め、⑤同時に左手で右手を脇下に、右手では襟を右胸部にそれぞれ強く引き締め頭を下げ、右足を大きく振り出す。⑥これで相手の膝裏を刈れば倒れる。

刈る時は相手の右膝裏を畳と平行に刈る。

片襟を取っての大外刈／その2

①右手で相手の左襟を握り、左手は取らせてくれない時、②右手で襟を右脇下に引きつけながら左手を伸ばし、右足を左足前方に踏み出す。③自分の左手で相手の左手を強く抱き込み頭を下げ、左足で相手の左足を刈れば、④⑤⑥のように倒れる。

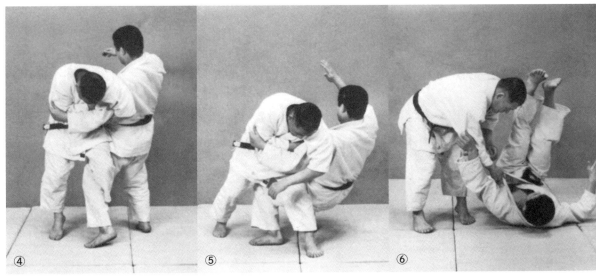

両手で相手の左腕を強く抱き込む。

大外刈から大外落

①②互いに右に組んで大外刈に出たが、相手に右足を引かれたため、③④左右の手でさらに自分の右足重心に引きつけて右足を掛け、⑤⑥右肘を上げながら相手の体を起こし、自分の体が相手に寄りかからないようにして体を預けて大外落で投げる。

投技編　93

●足技の7　大内刈(おおうちがり)

　体というものは前方には都合よく進めるが、後方には何となく不便なものである。この大内刈は後退するのに不便な方向に技をしかけて倒すのである。技法も二種あり、右手で相手の襟を取ったのと奥襟を握ったのとがある。ここでは前者を説明する。

[技を掛ける機会] 互いに右に組み、相手が左足を踏み出し自然体となった時、または相手が一方の足を横に広く踏み出した時、あるいは相手が防御の姿勢で後方に下がる時。

[注意する点] 相手を後方に押し倒す場合、顔面を横に向けて押すと、自分の重心が右方向に流れ、裏に返される危険も生じてくるので、相手の胸部に頭を下げてまっすぐに向けることが大切である。

[大内刈の防御] 相手が技を掛けてきた時、瞬間左足を軽く上げれば逃れられる。あるいは、足を掛けてきたとき、腰を落としながら左手で相手の押し手を押してやる。

■ポイント
左手は脇下に引きつけ、右手では手首で左肩を相手の左足かかとに押し下げる。

■返し技
相手が技を掛けてきた時、自分の左足を相手の右足に掛ければ反対に投げられる。また、相手が足を掛けて押す時、トントンと後退しながら一本背負投で投げる。

■連絡変化
1. 大内刈から内股。
2. 大内刈から背負投。
3. 大内刈から小内刈。
4. 大内刈から体落。

①右に組んでいて、②相手が自然体にかえった時、両手で相手を引き寄せながら右足を進める。③次いで左足を右足近くに引き寄せ、④体を半身にして右足を相手の膝裏に内側より引っかけ、⑤左手は脇に引き、右手では押し、右足で刈りながら相手を左後隅に押し倒す。

大内刈の足の位置。

奥襟を取っての大内刈、
右足後方に倒す。

大内刈から体落

①②③右に対して大内刈を掛けたが効果がないため、④⑤掛けた右足を外してそのまま相手の右足前方より、くの字形に曲げて当て、両手で相手を右前隅に引き崩し、⑥右膝を伸ばし、引き手とともに相手を回転させて投げる。

左手の引き手はそのままにして、右手で相手を釣り込み。体の向きを変える。

大内刈から内股

①②③互いに右に組んでいて大内刈を試みたが、相手が左足を上げながらトントンと後退したので、そのまま相手と後ろ向きになって、右足先を相手の右足先方向にひねり向け、④⑤⑥内股に転じ、引き手とともに右足で相手の左足を徐々に上げて内股で倒す。

相手の左足を徐々に上げながら自体の向きを変える。

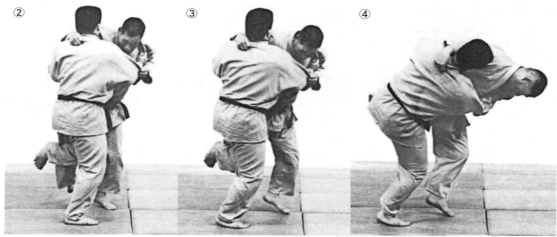

受けの大内刈より
取りの巴投

①②互いに右に組み、相手が右足を進めて大内刈を掛けて来たとき、自分は相手の右手を押し、上体を前方にかけ、相手が押すに従い、とんとんと後ろに下がる。相互の間隔が離れるにつれ自然に左足が外れる。
③④⑤左足を右足に揃えて畳につけ、両手で相手の上体を真下に引き下げ、右足爪先を反らし、それを相手の下腹部に当て、引き手とともに右足で跳ね上げて巴投げを掛けると、相手を頭越しに投げられる。

受けの大内刈より
取りの一本背負

③左足を畳につけ、右手を相手の右脇下に回し入れて体を開き、④⑤腰を浅く入れて両手で相手の右手を強く肩に制し、腰を伸ばして相手を投げる。

投技編 99

●足技の8 小内刈（こうちがり）

　巨体の人と対した時、隙を瞬時にとらえて一挙に倒す小内刈は誠に絶妙といえるが、技を掛けて執拗にズボンを握り、ねじ倒すのはあまり感心しない。これではこの技の妙味もまた向上もない。そこで右足で思いきり刈り、相手が脳震盪を起こすくらいの技術を体得するよう希望する。

　小内刈は自分の右足裏を杓子形にして、相手の右足踵に内側から当て、これをひきずるようにして小さく後方へ刈り倒す技である。練習、試合の場によく用いられる技で、小外刈のように反対に投げられる心配が少ない。

[**技を掛ける機会**] 相手が右足を横に開いた場合、また、右足を前方に踏み出してきた時、あるいは右足を引こうとする時。

[**注意する点**] 相手の足を刈る時は、爪先を畳と平

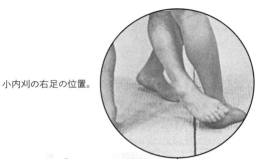

小内刈の右足の位置。

小内返し

①②③互いに右に対し、相手が小内刈を仕掛けてきたら、④一瞬自体を右にひねりながら、右足土踏まずのあたりを相手の左足首前方に当て、⑤右手では引き下げ、左手では押して回転させる。

行にどこまでも引きずるようにすることが大切。上に上げると効果がない。

[小内刈の防御] 技を仕掛けてきた時、素早く右足を上に上げて引き抜く。あるいはその足で相手の立ち足の膝に当て、引き手を効かせて膝車のようにして相手を投げる。

①相手が右足を進めてきた場合、自分の右足を出して左足を引き、②右足を伸ばして入れ、両手で相手を引きつけながら、③体を半身にし、右足先を杓子形にして、相手の右足かかとに掛けて、これを自分の方向外側に引き、④⑤相手の右後隅に刈り倒す。

■ポイント
左手で相手の右手を思いきり引きつけて右足で刈る。
■返し技
右足を相手の左足に当てて膝車で投げる。
■連絡変化
1. 小内刈から大内刈。
2. 大内刈から小内刈。
3. 小内刈から背負投、内股から小内刈。
4. 帯取返しから小内刈。

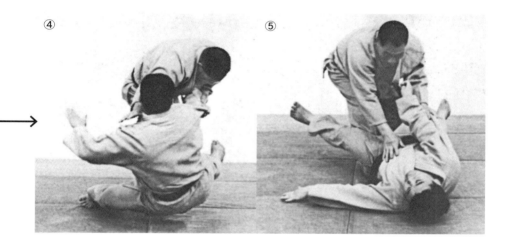

体をひねりながら相手の
左足首前方に当てる。

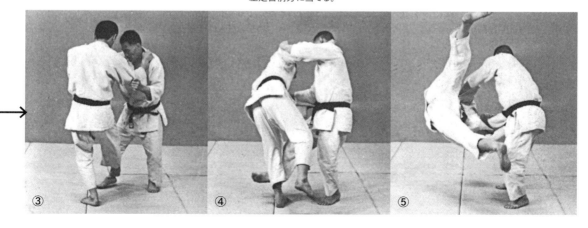

小内刈から大内刈／その1

①②③右に対していて相手に小内刈を施す。相手は防ごうと体を起こしてくる。④小内刈をかけた足で間髪入れずそのまま右足をくの字にして相手の左足に引っ掛け、大内刈に転じ、⑤⑥相手を後方に倒す。

小内刈から大内刈／その2

①互いに右に組んでいて、②右足で小内刈を掛ける。③相手の右足を刈って上がっただけで倒れない場合は、④刈った右足を左手で抱え込みながら右足を返して、⑤⑥相手の左足に大内刈を掛けると、相手は背中から倒れる。

●足技の9　小外刈(こそとがり)

　小外刈では相手が踏み出した右足の踵にまさに重心がかかろうとするときが技を掛けるチャンスである。その際に自分の足を鎌のようにして相手の足の外側から掛けて倒すのである。特に変形の相手と対した場合に効果をもたらす。出足払と類似した点があるが、出足払では相手の出足が一方へまさに移行しようとするときに払って倒すが、小外刈は相手の足裏が畳について踵に重心が載ったところを鎌のようにして引きずって相手を投げる。

［注意する点］相手の足を刈る時、体の重みを充分移して刈る。
［小外刈の防御］掛けられた足を早く引き抜いて逃れる。

①互いに右に組み、②右足膝を少し曲げながら前方に進め、③両手で相手の体を右足踵方向に崩しながら、自分の左足爪先を相手の右足踵に強烈に当て、④畳と平行に自分の右足爪先方向に刈り、相手を転倒させる。

①　　　　　　　　　　　②

104

■ポイント

左手は真下に引き下げ、右手では体を起こし気味にしながら右足踵方向に崩し、左足先を鎌のようにして刈る。この3つが一体となって初めて技の効果が出る。

■返し技

1. 素早く足を引き抜いて燕返しで投げる。
2. 相手が足を掛けてきた時、掛けられた足を相手の足の内側から入れ、大内刈で投げる。
3. 足を掛けてきたとき、瞬間に体を開いて相手と後ろ向きとなり、内股に変化する。
4. 相手が技にはいろうとする一瞬、一本背負投に変化する。

■連絡変化

1. 小外刈から小外刈。
2. 出足払から小外刈。
3. 相手の体落から小外刈。
4. 相手が大内刈を掛けた時、これを防いで小外刈。
5. 小外刈から大外刈。

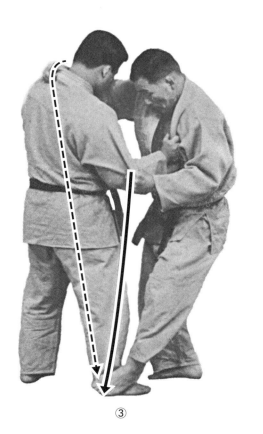

③

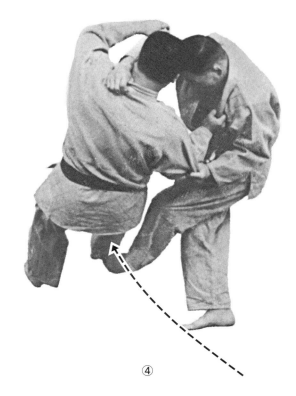

④

投技編　105

小外刈から小外刈

①右に組んで、②③相手に小外刈を試みたが少し崩しただけで倒すことができない。④相手が警戒して後ろ足に重心をのせたら、相手の左足に掛けた自分の右足をさらに伸ばして、棒立ちになった右足に引っかけ、⑤⑥相手の後方に倒す。

上体の引きがゆるまないようにして相手の右足に引っかける。

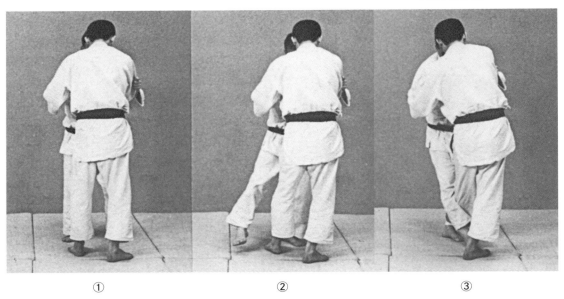

蟹ばさみ

蟹ばさみは相手の一方の足を自分の両足で挟みつけ、これでひねり倒す技である。実戦にも多く使用される。特に変形の相手に効果がある。

[注意する点] 挟みつけた両足で強くひねることが肝要で、掛け損じたら自分の体が半身に倒れ、肩に損傷を与えることも多く、また、相手の膝を痛めやすいので練習にはあまり使用しないほうがよい。

①共に片襟を取っている時、②右足を相手の右膝の上に掛け同時に、③思いきって飛び上がり、左足を相手の後方より右膝下の裏に当て、④⑤相手の足を強くひねって後方に倒す。

① ② ③

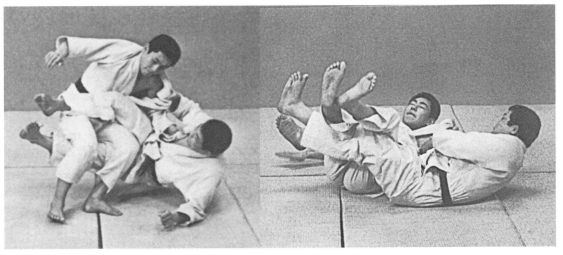

④ ⑤

投技編 107

●足技の10　内股(うちまた)

内股は自分の体を半身にして相手を引きつけ、右足を相手の内股に伸ばして入れ、これで相手を一気に跳ね上げて投げる。特に長身の者がよく掛ける技で、試合の時よく成功する。内股より内股巻込み、内股より払腰、ケンケン内股、内股にいくと見せての小外刈、小内刈というように連絡の多い技である。

この技法は体格・練習法によって異なり、真一文字に飛び込み跳ね上げる方法と、一度、自体を回して足をくの字に曲げ、さらに勢いをつけて送り込ませる方法などがある。ここでは各種の内股の中でも、真一文字に飛び込んで投げる内股について説明する。

[技を掛ける機会] 右に組んでいて右足を横に開いた時、また左足を右足に引きつけようとしている時、あるいは一度自分が相手を押して、相手が押し返してきた時。

[注意する点] 相手を跳ね上げる右足はまっすぐ後ろに伸ばし、高く上に上げるようにする。

[内股の防御] 相手が足を入れてきた時、腰を落としながらその足を両股で挟み込む。あるいは、自分の左足を引き下げ、相手に空を打たせ、同時に自分の右手で相手の左襟を引きつけて投げる。

■ポイント
相手を払い上げた姿勢は足、腰、頭が一直線になるようにする。

■返し技
内股を掛けられたら防ぎながら後腰、移腰、裏投で投げる。また、相手が足を入れてきた時、自分の左

足を下げ、相手の足に空を打たせ、引き手を効かして投げる。

■連絡変化
1. 相手の送足払、出足払より変化して内股を施す。
2. 内股から払腰、払腰から内股、内股から小外刈にそれぞれ変化する。
3. 内股から小内刈、内股から内股巻込み。

①互いに右に組んだ場合、相手が右足を後ろに引いた時、②自分の右足を相手の両足の間に踏み出し、左足を引きつけ、相手に半身となる。③両手で相手を真前に崩し、右足を深く伸ばし入れ、④これで相手を後方に跳ね上げると相手は宙に上がり投げられる。

④

内股から小内刈

①互いに右に対して、②右足、次に左足を進めて内股を施したが効果がない。③そこで体を右に開きながら、右足先の内側で相手の右足踵を、④引きつけ気味に刈り、右手で押し、左手で引きつけて小内刈、⑤これで相手を倒す。

払い上げた右足の反動を利用して相手の右足に引っかける。

① ② ③

④ ⑤

内股すかし

互いに右に対していて、相手が体を開きながら右足を伸ばして内股を掛ける瞬間、いち早く自分の左足を右後方に引き下げ、相手に空を打たせ、自分の右手を強く引き下げると相手は大きく旋回する。

両膝で相手の足を挟む方法

相手が技を仕掛けた一瞬、腰を落としながら相手の右足を自分の両膝で挟みつけて制する。

内股の受け方

相手が右足で内股を掛けてきた場合、自分の体を低くしながら左手を股の間に差し入れ、太股を抱え込んで防ぐ。

● 足技の11　巴投(ともえなげ)

巴投は、相手の上体を引きつけ、自分の体を真後ろに捨てながら、片方の足裏を相手の下腹部に当て、これを伸ばして相手を頭越しに大きく回転させて投げる技である。

寝技を得意とする者が多く施す技で、巴投から抑込、絞、関節技と連絡変化しやすい。試合の時、1点を取返そうと勝負を挑んでくる相手などによく効を奏し、また、引き分けを目的とした者が数回の巴投によって時間かせぎをして効果を上げるためにも利用される。

なお、注意を要するのは巴投自体が後方に体を捨てながら相手を倒す技であるだけに、練習、試合において相手を後ろに引きながら、また、倒れながら投げるという悪い習慣が身についてくる。例えば、背負い投げに入っても思い切り腰で跳ね上げようともせず、すぐに巻込に移ったり、大外刈を掛けても払巻込に転じたりする、いわゆる身を捨てながら相手を倒すという冴えのない技になりやすい。したがって、巴投を掛けるときは、一瞬の機を見て絶対に倒せるという自信の下に掛けなければならない。

①②相手が右足を進めた時、左右の手で相手を引きつけ、自体を下方に捨てながら、③両手で相手を真下に引き下げ、右足爪先を反らし、それを相手の下腹部に当て、④引き手とともに右膝を伸ばして跳ね上げれば、⑤相手は頭越しに大きく旋回する。

[技を掛ける機会] 相手が防御し、自護体となっている時、踏み込んで掛ける。また、攻撃に出てきた相手が上体だけで進んできた時、あるいは相手が大内刈を掛けてきて、その足が外れた時がチャンスである。

[注意する点] 巴投を掛ける時は後方に退かないで、その場で真下に引き下げ思いきって掛ける。相手の後ろに倒す技に合わされないこと。

[巴投の防御] 相手が技を掛けようとした時、両手で相手を引き上げる。または体を低くして重心を下げて防ぐ。あるいは、巴投の相手が右足で下腹部を蹴り上げようとしたら、自分の右足で相手の左足に大内刈を掛ける。

■ポイント
相手を跳ね上げる時の右足はくの字に曲げて相手の下腹部に当てがい、思いきって真上に伸ばす。
■返し技
相手が巴投に入ろうとするその先を取って大内か、小内刈、小外刈を施す。
■連絡技
1. 相手の大内刈から変化して巴投を掛ける。
2. 自分の大内刈より巴投。
3. 巴投から寝技に連絡して巴十字、絞あるいは抑込み。

■連絡技

　これらの連絡変化は、相手が引分け戦法などでしっかり作らないまま巴投を多くかけてくるときに遭遇する。相手が巴投をかけようと後退するその意図を察知し、両手で相手の上体を引きつけておいて作用することが肝心。写真で相手の巴投がいかにも腰高で右足先も下腹部を支えられていないのは、上半身を強く引きつけられているためだ。

受けの巴投より取りの大内刈

①相手が巴投を掛けようとした時、両手で強く相手の体を引き上げ引きつけ、②③左足を相手の左足内側に進め、右足を外より伸ばし、相手の左膝裏を右足踵で強く刈り、④左手で相手を引きつけながら右手で押し下げ、⑤相手の左後ろ隅に自体を重ねるようにして刈り倒す。

受けの巴投より取りの小外刈

①②③後退しようとする相手を引きつけながら相手が右足を上げた時、さらに強く引きつけて右足を進め、次いで左足を右足に引き、体を半身にして右足で相手の左膝裏を刈り、④⑤自分の上体が相手の上体にかぶさるようにして大内刈りで倒す。

横に投げる巴投

①右に組んで、②自分の体を後ろに倒しながら、右足裏爪先を右に、踵を左にひねり、これを相手の腹部に当てがい、左右の手で（特に左手を強く）引き下げる。③④⑤のように相手は自分の左横に回転する。

右足爪先を外側。かかとを内側にひねり、相手の腹部に当てたところ。

column：投技編

「勝負師として実戦を生きてきた人の結晶がここに表れている」
植松直哉

木村政彦先生自身が実技解説をされている『柔道の技』を私が入手したのは、2000年頃です。昭和49年（1974年）に出版されたようですが、既に絶版になっていて版元も無くなったいま、木村先生のご遺族のご協力により、今回、こうして復刻されたことを大変嬉しく思います。この本は版を重ねる毎に幾つかの技が追加されたり、削られたりしていますが、今回の復刻版はその全てを収録した完全版ということで、私も初めて目にする木村先生の技の写真もありました。

『柔道の技』は一冊の本として、それぞれの技が系統立てて紹介されているのが特徴的です。しかも当時としては、驚くほど細かく連続写真などが掲載されています。また一見、教科書的な形で技が配置されているのですが、実際にその内容を見ると、全ての技に木村先生独自のエッセンスが入っています。

木村先生が研究熱心だったこともうかがえます。一つの技に対して相手の体勢、リアクションに合わせた技の変化もかなり網羅されています。勝負師として実戦を生きてきた人の結晶が、ここに表れていると私は感じます。

そして、実技をされている木村先生の写真を見ると、引き手、釣り手が、非常に力強い。現役のときはどれほどの力だったのだろうかと想像を掻き立てられます。たとえば一般的な柔道の投げ技では、引き手は一回高く上げて、相手を引き出して入ることが多いのですが、この本ではときに木村先生は直線的に力強く引きつけている動きも見られ、何気なく出している足も太く、組み手もしっかり強く握っている。投げた後もすぐ次の技に行けるような形になっていて、潰れてかけるような技はほぼありません。

木村先生は、背負投もよく使っていて、この本に収録されている一本背負一つを取ってもいろいろな形が紹介されています。最初はベーシックな形で相手を掴んで投げる。さらに襟を持ってかける、両腕を割る、反対の一本背負、一本背負から大外落に変化するなど、これほど事細かにやっていたのかと。また力強く投げるときもあれば、体さばきで投げたりもする。変化技も非常に多く、いわゆる「正しい柔道」の標準的な組み方の枠に全く収まっていません。今日の柔道では使えない、関節を極めて投げるような技もあり、非常に実戦的で武術的なものを木村先生の動きのなかに感じます。

そして、大外刈。ここでも相手が変形や左組だった場合のかけかた、片襟を取ってかける大外刈も二種類、さらに連絡変化も紹介されるなど、より実戦的です。練習で「刈り足の力を試すために、後方に火をつけたろうそくを立てて、何本消えるかやってみる」という解説もあり、木村先生の拘りが感じられます。

木村先生のプロ柔道の動画を拝見したことがあるのですが、その大外刈も特徴的でした。あまり足を振り上げず、左の引き手を真下に近い形に落として、釣り手はさほど釣り上げておらず、釣り手の脇は閉じて上半身は開かない。右足で刈って叩き付けるようなイメージで、相手は受け身が取りにくいと感じました。そして投げた瞬間、横について寝技と繋がっている。著作『鬼の柔道』でも「従来の大外刈が自分の右肘のほうに引き崩しているのは不合理で、直接、相手の右足小指のほうに崩さなければいけない」と書かれている木村先生独自の形が、本書でも紹介されています。

ほかにも、現在ではルール上、許されていない技や変則技が収録されているのも興味深いです。今回の本でも一本背負からの応用として外無双が紹介されていたり、小内で刈った足を掴んでの大内刈、蟹挟や巴投に対するカウンターなど、当時の柔道にこのような技が生きていたことが、木村先生の本を通じて甦ってきます。帯取返でボディスラムのように投げてみたり、ブラジリアン柔術やサンボなど、他の格闘技と比べても遜色がない技術がある。木村先生が研究されていたのでしょう。「対柔道」だけじゃないと私は感じました。

うえまつ・なおや
1978年9月10日、静岡県出身。柔道、サンボで頭角を現し、98年9月、当時史上最年少でプロ修斗デビュー。国内外の総合格闘技大会、ブラジリアン柔術でも活躍。日本ブラジリアン柔術連盟審判部長。木村政彦研究家。NEXUSENSE主宰。

Section.2
寝技編

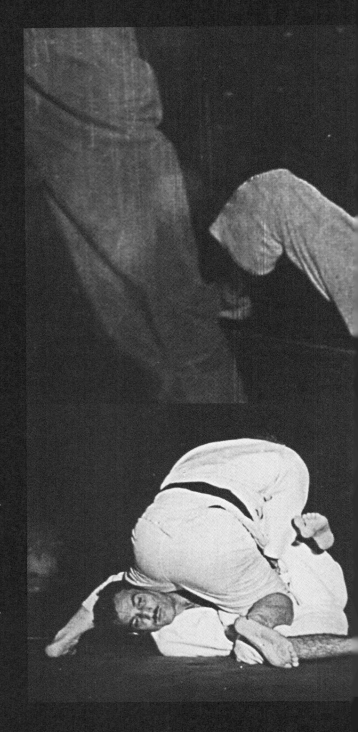

　寝技においても、投げ技と同様に抑込技、関節技、絞技の三つに分けられる。抑込技というのは自体が上になっていて、仰向きの相手を渾身の力をふりしぼって動かさないようにするのではなく、袈裟固めを例にとれば、抑え込まれた相手が逃れようとして手か腰かに力を入れようとする、その瞬間をとらえて力を制圧するのが抑え方の要領である。相手が力を封じられ、初めの状態に戻った時は、共に自分の力も抜き元に帰る。このようにして出る力、出る力を未然にくじくことが大切である。
　関節技は肘関節に急激に苦痛を与えて参らせるもので、もっとも代表とされるものはテコの原理による腕緘である。相手の肘を回外回内させる技法であるが、その角度が少しでも違ってくるとどんなに力があっても制することは困難となる。
　この寝技編では寝技の基本動作、抑込技、関節技、絞技について解説する。

　1951年10月23日、ブラジル・リオデジャネイロのマラカナン・スタジアムでエリオ・グレイシーと対戦した木村政彦。ルールは立技での一本勝ちやポイントは無し。抑込による一本も無し。決着は「参った」か絞め落とすことだった。拓大予科時代、高専大会で同大を優勝に導いている木村は、立技のみならず寝技でもエリオを圧倒。写真の袈裟固めや、バックについて絞めや関節を狙うなか、最後は表紙の腕緘──後に"キムラロック"呼ばれる技で、エリオの腕を極め、勝利した。

寝技編 119

第1章 寝技の基本動作

寝技の入り方

　寝技は、まず立技で相手の戦力をくじき、自分の優利な体勢から相手の不利な体勢に対して瞬時に相手の虚をとらえて勝利を決定的にする。もし、一瞬でも機を失すると相手はすかさず防備の体勢に変わり、せっかくのチャンスを逃すことになる。

　下の相手が回転させて逃れようとする足をまず制して、相手の自由を束縛し、次に腰、上体を徐々に制して入る。両足を束ねる、両足を担ぐ、両腿を圧迫して膝で割って一方の側に入るなど、様々な方法があるが、要は相手が回転、防御する急所を完全に捕捉することが大切だ。一つの入り方ばかりでなく、あらゆる角度からの入り方を研究されたい。

寝技の入り方／その1

①両手で両膝を引きつけ引き締め、②両膝を後ろに押し下げる。③同時に両膝を飛び越え、④⑤自分の両膝を締めつけながら相手の体の上にうつ伏せになる。両手の手先を重ねて相手の頭を抱き、両足で相手の体を制して抑え込む。

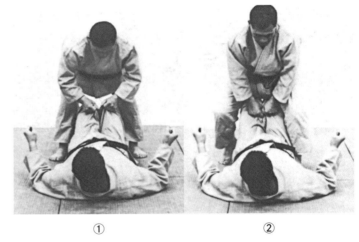

① ②

③ ④ ⑤

寝技の入り方／その2

①左右の手で相手の両足首、またはズボンを揃えて握る。②③両手で両足を右後方に振ると同時に、体を落としながら左足、続いて右足を進め、右膝頭を相手の右下腹部に強くのせる。④左手で右肘を握り引き上げ、右手は五指を開いて手のひらを相手の左脇の畳につける。⑤右足をくの字にして相手の右肩下に当て、左足は後方に張り、右手では相手の左脇下より肩口に回し、崩袈裟固で制する。

寝技の入り方／その3

①両手で相手の両膝を強く握り合わせ、②一度左に振ると、相手が足を戻してくる反動を利用して、続けて右に振る。③同時に体を低く進め、相手の右下腹部の上に右膝をのせる。④上体を屈し、左手で相手の右肘を取り、⑤これを自分の左脇に引きつけて制し、右手は相手の左脇より差し入れ、肩口近くを握る。さらに相手の袖を引き上げながら右足を肩下に当て、崩袈裟固で抑え込む。

寝技編　121

寝技の入り方／その4

①上から相手の両膝を握って足を越えようとする時、相手は両手を伸ばし、体を押して防御してくる。②③その際、両足を制したまま自体を小さくその場で左に回転させる。④背後を取られないようにすぐさま相手の上になり、右手で首を抱き込み、その手先を伸ばして右襟を、左手は相手の右肩口をそれぞれ握る。上体を後方に張って袈裟固で抑える。

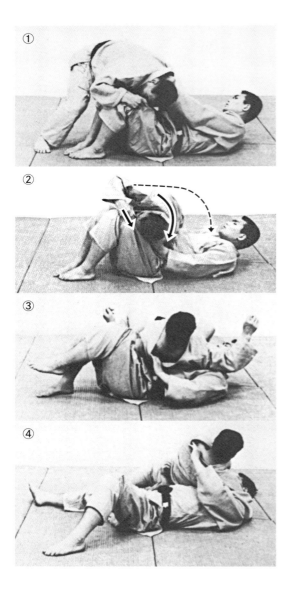

寝技の入り方／その5

①②③左右の手で相手の横帯を握り、体を引き上げながら、相手を頭の方向に曲げる。右足で相手の左肘を上から制し、④⑤右手で右襟を深く取り咽喉を押し、相手が足を戻そうとする動きを制する。相手が体を右に回転させようとしたところを体を低くして抑える。

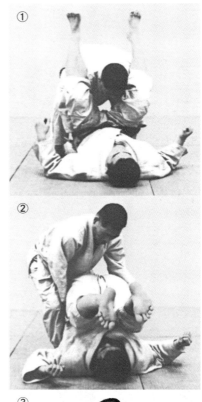

寝技の入り方／その6

①相手が両足で自分の腰を締めつけて防御したとき、両手で腰骨を制し、両肘を相手の両股に当て、②③肘で太股の筋肉を押しもみ、痛めつけて、上体を低くしながら左肘で右足を押し下げ左足でまたぎ、④⑤体を相手に密着させながら、右手で相手の左脇を差して奥襟を握り、右足も抜き、左手で右袖を引き上げながら右足を肩下に当て、崩袈裟固で抑え込む。

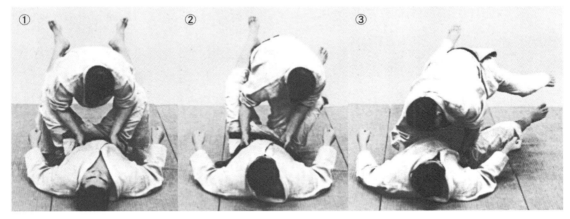

寝技編　123

寝技の入り方／その7

①相手の上から左手で右足を押し下げ、左足を肩口にのせ、②右膝をつき、左足を自分の頭の右側に押し上げて右手で奥襟を握る。③襟を引きつけながら相手のエビを防ぎ、体を落として左足をはずし、④左足を後方に伸ばして爪先で踏ん張り相手と密着し、左手で左横帯、右手は相手の頭を制しながら手のひらを畳につけて抑え込む。⑤右足で左脇を開けさせ、右手を右肩の下から制し、腕緘などを狙う。

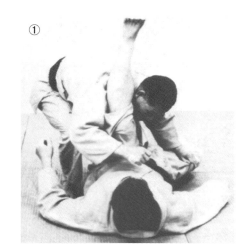

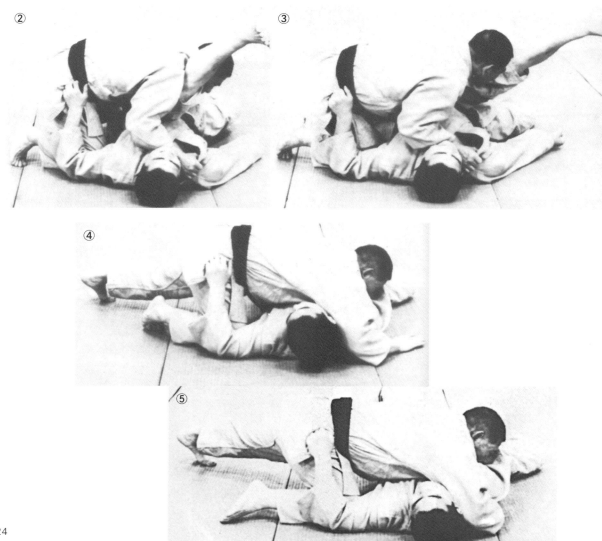

寝技に入るときの足の抜き方／その1

①②片足を相手の両足でからみつけられた場合、相手の上体を枕で制し、左肩で圧力をかけながら、自分の左足爪先甲で相手の右足甲を押し、右手で相手の左膝を押して、腰を浮かせて右足をケンケンするようにし、まずは自分の右膝頭まで抜き、③④右手で相手の左脇をしっかり差して畳について体を安定させ、腰を切って右膝を左に体とともにひねり向け、左足裏で相手の腿を蹴りながら右足を引き抜き、⑤体を頭の方向に移動させ、右手を相手の右脇に当てて抑え込む。

①

② ③

④ ⑤

寝技に入るときの足の抜き方／その2

①左手で右奥襟、右手で左脇腹帯を握った姿勢で、相手に右足をからまれたとき。②自体を半身になるよう傾け、左足先で相手の膝を押して右足を引き抜く。③足を抜かれた相手が起き上がろうとしてくるところに、帯を掴んだ右手拳で相手の左腹部を強く押し、④同時に奥襟を持った左の肩で圧力をかけ、⑤仰向けにさせて、自分の右足を相手の右体側につけ、左足は後方に伸ばすように両足の位置を入れ替えて抑え込む。

寝技返し

　相手を返すには、自分の接地面を少なくし、相手の一方の側へ重心を移動させて返すことが肝要である。相手を返すということは、つまりは相手を攻撃するということを意味し、そのいかんによっては相手に制せられるということにもなる。そこで渾身の力をこめてある一点に集中して返すが、もしこれが不成功に終わった場合でも、直ちに体を転じて防御できる状態に戻さなければならない。そのため練習においては力に頼ることなく、相手に抑え込まれることを厭わず、理に従って機会あるごとに種々の方法で相手を返してみることが返し方の練習方法である。

寝技返し／その1　腕十字

①巴投を掛けて相手の上体を崩したとき、②片襟片袖で相手の上体を強く引きつけ、右足で相手の腰を蹴って左足を上げて旋回させ、③④左脛の外側を相手の咽喉に当てて、引き手とともに左足で相手を左横に跳ね倒す。⑤両手で右手首を抑え、両足で右手を制しながら、相手の親指を上にして腰を上に上げれば腕十字で肘関節が極まる。

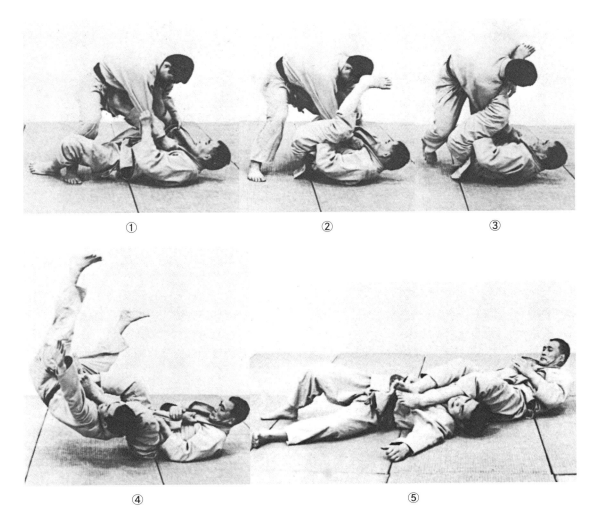

寝技編　127

寝技返し／その2　腹固め

①相手が上部より左手を右膝に当て、右手で後帯を握って足を越えようとしてきたら、②③左ももと両手で相手の肩・顔を押して下げさせ、腰を切りながら同時に上体を起こして右手で後帯を握る。次に左手に帯を持ち替え、さらに相手の頭を下げさせながら右手を畳につき、④右足を相手の右手首の方向に思い切って引き抜き、相手の右腕を足で刈って、両足を四の字に組む。同時に体をねじれば、腹固めで肘関節が極まる。

寝技返し／その3　横三角絞め

①相手が横四方から攻めてきた時、自分は右手で相手の左腕を制しながら、左手で左首を押し、②同時に腰を左に切って左足を上げて、相手の頭にかける。③ふくらはぎを相手の後ろ首に当て、④素早く両足を横三角に組み、右手と頭を絞めつけ、両手で相手の左手を逆に腕固めで極めながら両足で絞める。

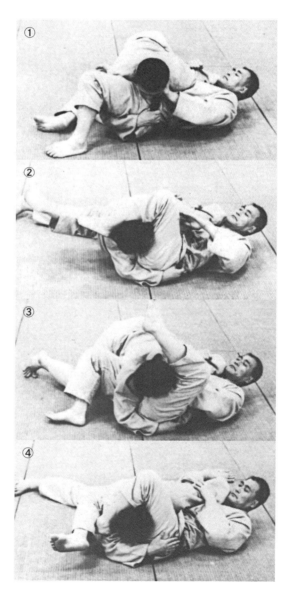

寝技返し／その4　草刈

①巴投を掛けて相手が安定した状態に戻ろうとして姿勢を起こしかけた時、②相手の左足を内側から右手で抱き込み、これを手前に引きながら左手を放す。同時に左足を伸ばして相手を蹴れば、③相手は仰向きに倒れる。④片肘を畳に着いて体を支えながら起こし相手の上になる。

寝技編　129

寝技返し／その5　三角緘

①相手が上から右手で前帯、左手で右袖を取り、対して自分は左手で右袖口、右手で右奥襟を握る。②両手を強く引きながら右足裏で相手の左膝を押し、体を前のめりにさせ、③相手の右腕に、左足を外側から巻いて、甲を相手の右首に当たるように回す。④自体を左に移動させ、右手は左手を助けて相手の

右手首を取る。⑤右手を畳に着いて、左足先甲を自分の右ふくらはぎに当てながら上体を起こし、次に左足先をはずし、相手の右手を腹の前で制しながら腰を上げれば肘関節が極まる。相手の腕が伸びた場合は、左手で相手の腰を抱えて、相手の腕を挟んだまま両足を前方に伸ばせば肘が極まる。

寝技返し／その6
腕挫腕固

①自分が下に位置した場合、左手で外側から小手に巻きながら相手の奥の左襟を取り、左足は外側に、右足裏は相手の膝頭に当て、②足裏で膝頭を押し下げ相手をうつ伏せにする。右手で右奥襟を握り、右足先を左内股に差し入れ、③これで相手を左に跳ね上げて返し、④十字絞めで相手の頸動脈を絞める。

寝技返し／その7　帯取り返し

①下から右手で左袖口、左手では肩越しに帯を握り、右足は相手の右足にくの字形に引っかけて、②相手が右足をはずしにきた瞬間、左袖口を持った右手は内側に押し込み、帯を持った左手は相手の体を引きつけ、③体を左にひねりながら相手を回転させ、④上になって抑え込む。左腕を内側に送り込まれた相手は手を着けず、帯を引きつけられ前転してしまう。

寝技返し／その8　帯取り返し

①相手が上から攻撃して左脇を差してきたとき、②相手の肩ごしに帯を握り、左膝で相手の右足を突き上げ、③帯を握った左脇を締めて相手の右腕を殺しながら強く引きつけ、④同時に左足で相手の下半身を左方向に跳ね上げる。⑤⑥相手は自体を越して回転。仰向けとなる。すぐに身を転じて相手の上になり、横四方固で抑え込む。

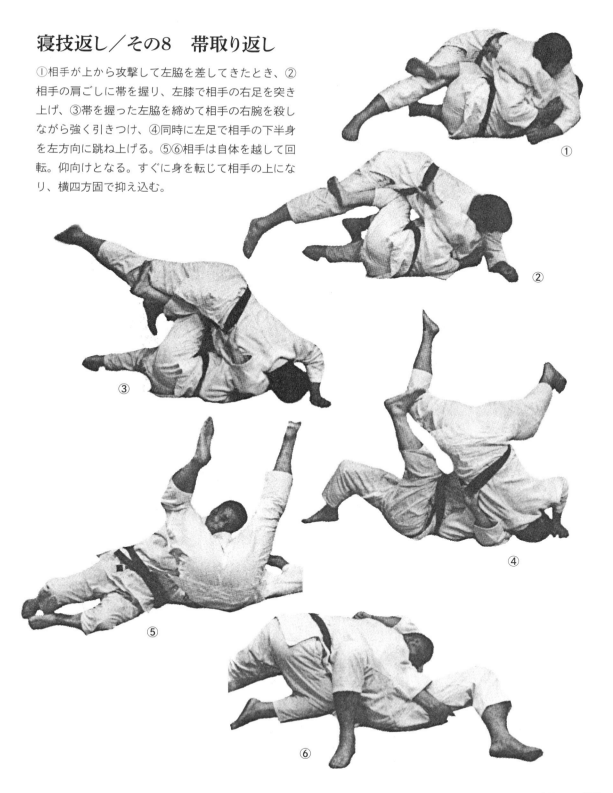

寝技編　133

帯取り返し

帯取り返しは、相手の後帯を上から取って自分の後方に回転させる技である。連絡技としては帯取り返しから小内刈、大外刈、払腰などがある。これで相手を如何に豪快に返したからといって一本となり勝敗を決するものではない。相手を後方に、あるいは左右に回転させ、さらに抑え込むことによりこの技の意義がある。ここでは特に寝技に入るための一つの技法として解説した。

帯取り返し／その1

①右手で左襟を取り、②これを引き下げて左手で後帯を握り、右手は相手の左内股を抱え込み、左足を進める。③相手の左足を右手で上に上げながら、左足を後方に下げ、④体を回して相手を抱え上げ真下に投げる。⑤そのまま体を落として抑え込む。

■ポイント
左手で相手の体を充分に脇に制し、右手で一気に抱え上げる。

■返し方
相手が左手を伸ばして帯を取りにくる時、素早く相手に後ろ向きとなり浮腰で投げるか、体を低くしながら両足タックルに行き、相手を投げる。

■連絡変化
1. 帯取り返しより小内刈。
2. 帯取り返しより変化しての抑え込み。

134

帯取り返し／その2

①右手で左襟を握り、左足を進め、②右手で強く相手を引き下げ、③左手で後帯を取る。相手は右手で左膝を握って自護体で踏ん張ってくる。そこで右手を左脇下から差し入れ、右足を相手の左足方向に進め、④⑤体を相手の頭の方向にひねり、相手をねじり倒して上になり抑え込む。

帯取り返し／その3

①左手で帯を取り、右手は相手の左脇下から入れ、②相手を左横にねじり倒そうとする。③④相手は倒されまいと体を戻してくる反動を利用して、右手で抱え込んだ相手の左手を引き下げ、右足を自分の左足方向に伸ばし、左で掴んだ帯も引きつけ、自分の体を丸くして引き込み、自体とともに回転させる。⑤上になり、右手を相手の右脇に当てて、崩上四方固に抑え込む。

①　　　②

③　　　④　　　⑤

帯取り返し／その4

①左肘で相手の背中を十分に圧しながら腰を落とし、②右足を自分の左足に近づけ、体を後方に倒しながら、左足首を相手の股に当てがい、③これで跳ね上げる。④相手の上に密着し、⑤左足を引き下げ、右手を相手の右脇に添えて崩上四方固で抑え込む。

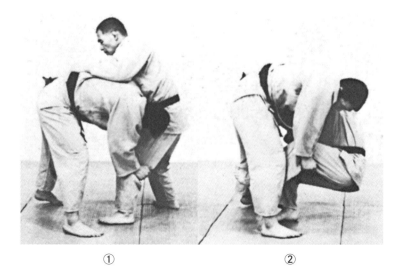

① ②

③

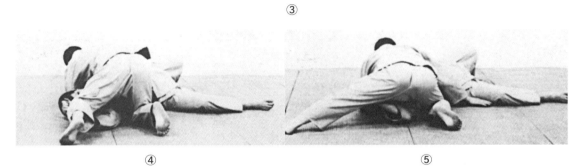

④ ⑤

寝技編 137

帯取り返しの防御法／その1

①相手が左手で後帯、右手を脇下から差し入れ、②右足を左方向に進めて横に返そうとする。③そのとき、自分の右手を伸ばし、また、左足を左斜めに突き出すことで体を支え、④相手が返そうとするのを右手を畳について防ぎ上になる。

帯取り返しの防御法／その2

①相手が右手で左襟を取り、左足を進め左手で後帯を取り、②左足を股間に入れて後方に返そうとする場合。③④相手の左足を両足で挟みつけて技を防ぐ。

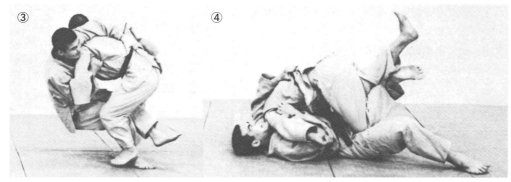

帯取り返しの防御法／その3

①相手が右手で左襟、左手で後帯を取り、帯取り返しに来た場合、②自ら上体を丸くして下げ、相手が左足で跳ね上げようとする瞬間、自分から先に軽く相手の左肩方向に回転し、③④右手右足で体を支え、それで一気にバネをつけて相手よりも早く起き上がり、上になって抑える。

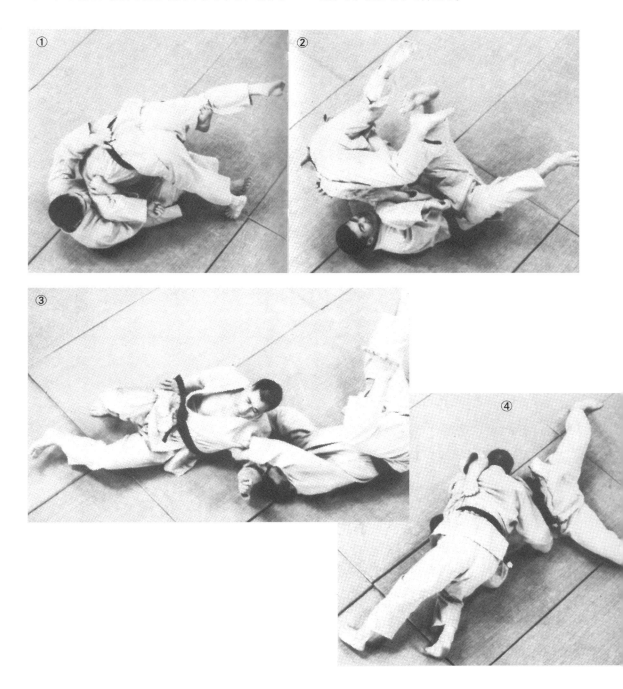

寝技編　139

第2章

抑込技

相手を抑え込むには三つの条件が必要である。
1. 自分の体が充分安定していること。
2. 相手の体勢に応じ、自在に変化し得る状態であること。
3. 相手の出ばなを制すること。

体の重みをかけている部分が要所要所を制していなくては不安定であるばかりでなく相手に返されやすい。

例えば袈裟固めを例にとれば、抑えている側の者が相手の体に幾分でものり過ぎていたのでは充分に制しているということはいえない。両足を正しく、くの字に開いて腰を相手の体に密着させ、自分の左手で右手を強く引き締めて、その手先を自分の脇に引き締め、相手が帯を取って反対に返そうとした場合も即座に右手を畳について難をさける用意が最善の抑込みといえよう。また、相手が体を右にひねって右手を引き抜いて逃れようとした場合、いち早く左手で右手を引き絞ぼる。相手が右方向に起き上がろうとした時も左肩を反対の場合は右肩を押すと起き上がることはできない。

要するに相手の力の出ばなをくじくことが肝要である。

●抑込技の1　袈裟固(けさがため)

この技は初心者の頃から、まず第一に覚える技であって、抑え方も簡単なかわりに反対に返されると逆に抑え込まれる危険度の高い技である。オランダのアントン・ヘーシンクがもっとも得意とした技法であることは周知のとおりである。

相手が仰向きになった時、自分の右脇を相手の右脇に密着させ、右手を左肩から後首に回して右肩口を取り、左手では右手中袖を握り、さらにその手先を自分の左脇に強く引き締める。股を開き、左膝を曲げ、右膝を相手の右肩下に当てて抑える技である。

[注意する点] 抑え込んだ時、自分の体を真下に下げて常に相手と上体を密着させるとともに、相手の右手先を十分に自分の脇下に制しておくことが、相手を抑える要点。また、右ももが常に相手の脇から離れないように注意する。

[袈裟固の防御] 体を右にひねり、自分の左足を抑えている相手の左足にからみつかせるか、その際、相手と一線になり横帯を取り、相手を左方向に返して抑える。また、足を振り子にして体をあおって右にひねり右手を引き抜く。

■連絡変化

相手が体をあおってきて、左方向に返そうとした場合は、右手を大きく伸ばして手のひらを畳につけ、返されるのを防ぐ。また、相手がもとの状態に戻った際は自分もともに初めの姿勢にかえって制する。

袈裟固で抑え込んだところ。

横から見た袈裟固。

崩袈裟固
くずれ

崩袈裟固が袈裟固と異なる点は、自分の右手を相手の左脇下より差し入れて後襟を握ることである。脇を差しているため後ろを取られにくい。

右手で相手の後襟を握る点に注意。

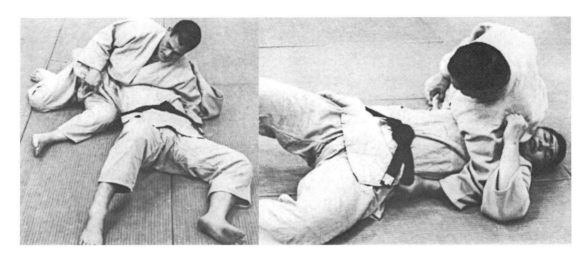

後袈裟固／その1

　袈裟固と異なる点は相手への体の向け方が反対ということである。すなわち、自分の左腰を相手の首の右側に落とし、左膝を右手の下から脇に当てて右手を引きつけ、左手で帯を握り、脇を制して抑え込むのである。

[注意する点] 相手が逃れようとして体を移動させる時には自分もそれに従って移動することが必要である。また、常に両足をくの字にし、特に右足で強く踏張っていないと反対に返される。

後袈裟固／その2

　この技は自分のあごを相手の左胸部の上部にのせて体を伸ばし、右手で襟、左手では左脇下より後頭部に回して自分の右中袖を取り、相手の肩と頭を強く制しながら抑える技法である。

[この技の防御] 自分の右肩のほうに思いきって回転して首を抜いて逃れる。

後袈裟固／その3

相手を仰向けに倒して、自分は左肩上部に位置し、自分のあごを左肩にのせ、相手とくの字形になり、体を伸ばして両足を開く。次いで右手を伸ばし、その肘上に相手の後頭部、右肩がのるようにし、その右手先で相手の右襟を四指を外に親指を内側に向けて握りこむ。

[**注意する点**] 左手は左脇下から手先を内側に向けて入れ、相手の左肩を抱き込み、自分の右襟を取る。左右の手で相手の上体を自体に制して抑え込む。

[**この技の防御**] 右手で相手の右首を押して体をひねり、左手を引き抜くか、体を右肩のほうに回転させて逃れる。

枕袈裟固

この技は自分の太ももに相手の頭をのせ、あたかも枕をさせたようにして抑え込む技であるところからこのような名称が付けられたものであろう。相手の右首と右肩の間に自分の右脇がのるようにして位置し、両足を開き、くの字形にし相手の頭を自分の右内股にのせ、右手は相手の左脇から深く差し入れて自分の膝頭を取ってこれを引き締め、左手では左肩口を握り、相手の頭および右肩を自分の右股に抱え込んで制する。左右の足で互いに体のバランスをとりながら抑え込む。

[**注意する点**] 抑え込んだ際、左踵を臀部の近くに引いておく。ともに右足もくの字にして踏んばっておく。そうしないと相手の動きに対し、自体のバランスが取れなくなり不安定となり、反対に返される。

[**枕型袈裟の防御**] まず自体を左にひねり、その反動を利用して右にひねり相手を返し、上になって反対に抑え込む。

枕袈裟固で抑え込んだところ。

袈裟固めから関節技

①袈裟固に抑え込み。②③相手が体をひねって左手を自分の右脇下からこじ入れてきたら、左手で相手の左手首を下から握り、④⑤相手が首を抜いて回り込むにつれて、左手を引き伸ばし、自分の右脇を相手の肘上に当てて体重をかけ、右手は左手を助けて手首を握り、これを上に上げれば脇固で肘関節が極まる。

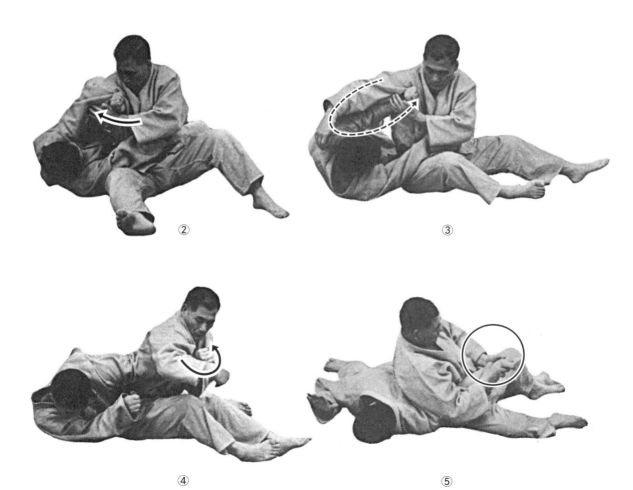

立ちながら肘関節を取り抑え込む

①相手が右手で脇下を取ってきた時、②③左手で相手の右襟を、右手で右手襟口を握る。右足を進め相手の右手を中心とし自体を回転すれば、④⑤⑥のように自分が上になり、⑦のように抑え込む。

四つんばいの相手を
制する方法／その1

①右手で後帯、左手で後襟を取る。②③右手を左脇下より通して右肘を、左手も同じく右肘外側を握り、④⑤両手で相手の右肘を引き寄せ、体を預けて相手を仰向けにする。⑥袈裟固に変化して制す。

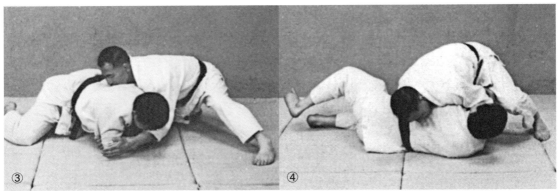

四つんばいの相手を制する方法／その2

①相手の左側に位置して体を落とし、左手で左中袖外側、右手で膝頭上部を握る。②両手で相手を一気に引き上げ、③④右膝で相手の腹部を押して、⑤相手を半身にする。⑥体を相手の右側に落として袈裟固で抑え込む。

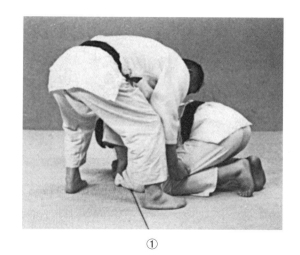

①

② ③ ④

⑤ ⑥

●抑込技の2　肩固(かたがため)

　抑込と絞技を兼ねた技で、この技が十分に入ったら、相手が回転して逃げようとすれば首が絞まり、ついには微動だにすることができない状態のまま勝負を決することのできる効果的な技である。

　まず、相手の右手を上げて仰向けにし、右側に平行に位置する。上体を下げながら頭を右肩に当て、右手を上から伸ばして後首に回し、右手と首を一緒にして右肩に抱き込み、さらに手先で自分の左袖口をしっかり握る。左手では同じく右袖口を握る。あるいは、両手の手のひらと手のひらを合わせて組む。

　頭を深く真下に下げて相手の右肩を制し、右肩で頸動脈を圧迫する。最後は両足は伸ばして下半身を畳につけ、外側の肘を相手の肩甲骨の下に入れるようにして極める。

[注意する点]　抑え込んだ時、常に頭を真下に下げておく。

[肩固の防御]　両手を互いに組み合わせ、右肘で相手の右首を押し、相手の首と自分の頭との間に空間を作り、その隙に体を左方向に強くひねり逃れる。

■連絡変化

相手が体をひねって右手を引き抜いた時は、変化して袈裟固で制する。また、左に回転した場合は体の後方につき、送襟絞か片羽絞で絞める。

肩固から片羽絞

①②肩固めで抑え込むも相手が体を左に転じて逃れようとしたら、③体を起こし、相手の上体と密着しながら、④左手は相手の右襟を握り、肩固で差していた右手は相手の右脇をすくって肩に回して引きつけ、⑤背後から右足を深く入れて、相手の横に出るようにして、右手を深く後ろ首に差し入れて、右襟を引き、同時に相手の首を前屈させて片羽絞で絞める。

寝技編　149

● 抑込技の3　**上四方固**(かみしほうがため)

　相手が仰向きになったとき、自分はその頭の方に位置する。右手を相手の肩下から回し、右横帯を四指を外、親指を内にして取り、左手も同じようにして左横帯を取る。相手の頭を中に両膝を開いて自分の胸部を下げて相手の胸部に密着させる。あごをみぞおちのあたりに強烈に当てがい、一直線となって抑える技である。

[注意する点] 相手が下からあおって来る場合は、両股を開き、自分の腰だけを上げて、相手の胸部に自分の体をかけて、両手で強く引き締めたまま、あごを下部に強く当てて制し逃さないように抑える。
[上四方固の防御] 頭と足でブリッジし、下から体を左右にひねってあおり、相手との空間を作る。その瞬間、体を回転させて相手の上になる。または体をひねりながらうつ伏せとなって逃れる。

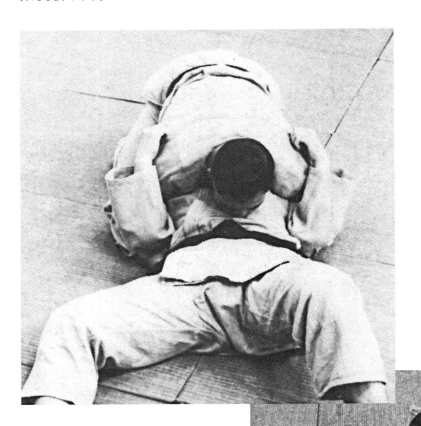

■ポイント
相手が移動しても常に相手と一直線となり、抑え込むことが大切。

■連絡変化
相手が鋭く体をあおり、体を右にひねって逃れんとした時は、自体を相手の右胸部のほうに移動させ、右手を両股に差し入れ横四方固で抑える。

①写真のように相手が両足で自分の右足を制して防いでいる時、自分は上体をやや起こし気味にし、右手で右奥襟、左手で袖口をつかんで両手で引きつけ、右足を極度に曲げて相手の右膝の上部に足首がのるようにする。②右膝をつきながら、③相手に挟まれた右足を左足先ではずしながら、④体を進めて、⑤右手では親指を頸部に当て奥襟を取り、左手では肩口を下から通して横帯をしっかりつかむ。⑥相手と一直線となり抑え込む。

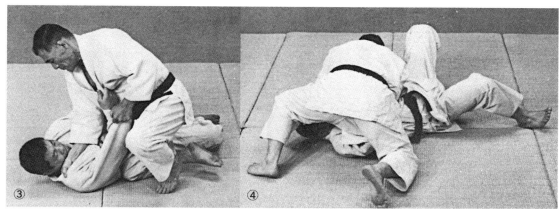

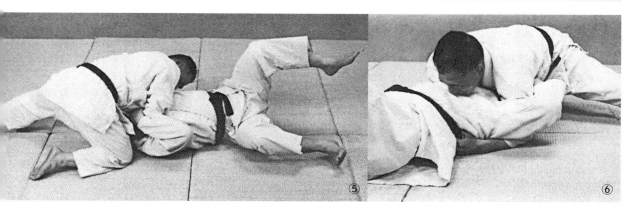

寝技編 151

●抑込技の4　崩上四方固(くずれかみしほうがため)

この技は上四方固から変化したものであり、上四方固よりも逃れにくい技である。初心者では反対に返されがちであるが、抑え込みのコツを覚えると上四方固より確実性のある技法である。

相手が仰向きとなった場合、自分はその右肩と右首の間に上体を落とし、体を伸ばして両足を開く。あごをみぞおちのあたりに当て、左手は相手の左肩下から回して後帯を取り、右手は右脇下から差し入れて左手で取った後帯の先を握る。両手の甲を畳につけ、これで帯を引きしぼる。両肘を締め、胸部を相手と密着させて抑え込む。

[注意する点] 常に相手とくの字になって抑えること。また、相手が両手に力を込めて反対に返そうとする場合は、急に全身の力を抜いて返されるのを防ぐ。

[崩上四方固の防御] 体を右にねじるとともに左手で相手の左首を押し、右手を突っ込んで左首下に伸ばし、一気に体をひねって逃げる。

抑え込んだときの両手の握り方。

崩上四方固から上四方固

①崩上四方固で相手を抑え込んでいる場合、②相手が右手をこじ入れてきた時。③④その手が伸びきった途端、自分の両脇を締めつけて相手の両手を制し、腰を上げて相手と一直線となり、上四方固で抑え込む。

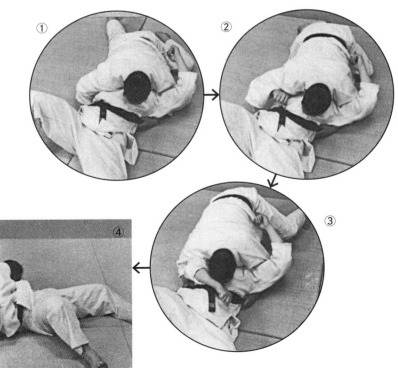

鉄砲返し

①相手から崩上四方固で抑え込まれた場合、②体ともに大きく相手を、③④のように自分の右側にあおり、⑤その反動を使って左側に向き、両手で相手の体を挟みつけるようにして、⑥左肩の方向に回転させて、⑦上になって抑え込む。

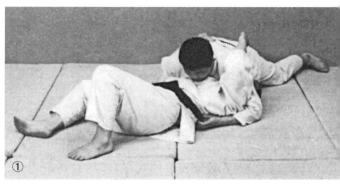

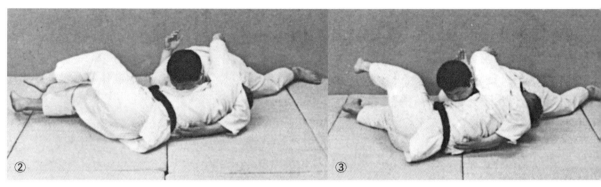

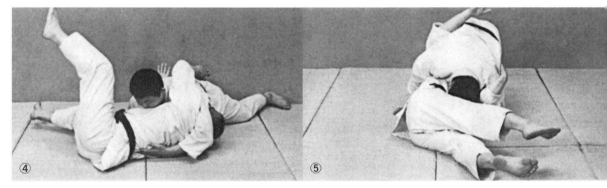

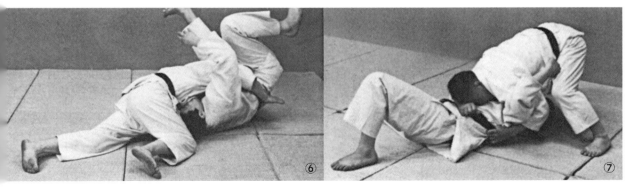

●抑込技の5 　縦四方固(たてしほうがため)

縦四方固／その1

　自分は仰臥した相手の上に馬乗りとなり、両膝で胴体を制して右手を相手の後首から回し、その前膊を相手の左頬につけて自分の帯を握る。左手では相手の前膊が自分の左頬に当たるようにして右手を抱きかかえ、自分の右襟を取って抑え込む。

縦四方固で抑え込んだところ。首を抱えた右手は自分の帯を、左手では自分の右襟を握る。

縦四方固／その2

　相手に馬乗りとなって両足で制する。この場合、相手の両手を上に上げさせるようにして自分の右手を相手の左脇下から肩下に回し左奥襟を取る。左手も同じようにして脇下から差し入れ、右奥襟を握り頭を下げて抑え込む。

[縦四方固の防御] 左手で相手の右足を押し下げて自分の両足で挟み込むか、両足を大きく上に上げ、これを左右に大きく振ってその反動を使い一方の側に起きる。

■ポイント
両足で強く挟みつけ、上半身とともにうまくバランスを取って抑え込む。

■連絡変化
相手が右手を引き抜こうとして体を右にひねってきた場合、右手を放して相手の右手首内側を逆にして握り、さらに左手のひらで自分の右手前膊肘近くの外側を手のひらで抑える。左手では上部に上げ、右手では下方に押せば相手の肘関節が極まる。

両脇から差し入れた両手で相手の襟を握る。

縦四方固の返し方／
足を挟む方法

①相手が縦四方固で抑え込んできたら、自分は左手で相手の右足裾口を取り、②両足を曲げて一瞬腰を左に切り、同時に相手の右足を押し下げてはずし、③その右足首を両股に強く挟み込み、左手で右足ももを押し下げて自分の左足を放し、④自体とともに相手を左方向に回転させる。

縦四方固の返し方／
足を左右に振る方法

縦四方固に抑え込まれた場合、両足を上に伸ばして上に上げ、右に一度、さらに左へ大きく振り、反動を利用して相手を左に回転させて上になる。

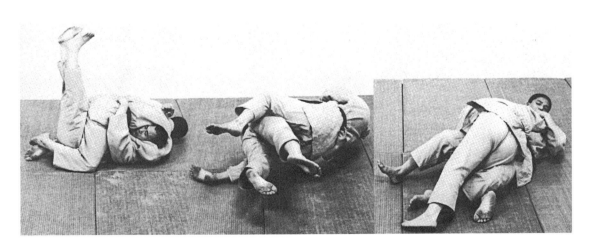

●抑込技の6　横四方固(よこしほうがため)

ほかの抑込技では、一定の個所に重点を置き、そこを圧して抑えるが、横四方の場合は、体が躍動するために最も必要な個所をそれぞれに制して抑える。したがって、一度、この技に入れば逃げられそうでなかなか逃げにくい、抑える側にとっては誠に有利な技である。

まず、相手の右側に位置し、右手を両足の間から差し入れて相手の帯、またはももを握る。左手は相手の左肩下を通して帯を取る。そして両手に力をこめて相手を制する。

[注意する点] 相手が左手を伸ばして自身の右足先を握り、これで体を上に上げようとする場合は、自分の左肘を肩口にずり下げ、ともに上体を右に少し移動させ、こじ上げようとする右手首を上から肩で制すると防ぐことができる。また、相手が右足爪先を放した場合はすぐにもとの抑込の状態にかえることが肝要である。

[横四方固の防御] 自分の左手を相手の右手下から突っ込み、自分の右足爪先を握る。これを上に上げながら上体を浮かせ、体を右に回転させて逃げる。

■ポイント
自分の左手が相手の左首から離れないようにする。なお、上体がのり過ぎないよう上から真下におろして制する。

■連絡変化
巴投から連絡して横四方固に入る。また、横四方固より脇固、縦四方固、逆襟絞に入る。あるいは相手の横四方固を反対に返して横四方固で制する。

横四方固で抑え込んだところ。

四つんばいの相手を横四方固で制する

①奥襟と帯を持った状態から四つんばいの相手に対して、②左手裏を相手の後首に当て押し下げ、右手を相手の左脇下より通して自分の左手首を握る。③相手の頭を自分の腹の下に入れるように仰向けにさせながら、自分の体を左方向に移動させ、④⑤⑥のように両股に左手を入れ、⑦右手で後襟を握って横四方固で抑える。

①

横四方固から崩上四方固

①横四方固に抑え込んでいる時、②相手が左手を自分の右手下から差し入れ、右足首を掴み、③それを上に上げて逃れようとした場合、④自分は体を相手の頭の方向に転じ、⑤両足を開き、左手は相手の左肩下から回して後帯を取り、右手は相手の右脇下から差し入れて左手で取った後帯の先を握る、いわゆる崩上四方固に抑える。

寝技編　159

第3章

関節技

　関節を取る場合、相手が体、または道衣の一部を強くつかんでいたり自由に回転できる状態であれば、せっかくの好機を逃すばかりか、かえって自分が危険にさらされる立場となる。

　たとえば腕緘を成功させるには、自分の体の一部、あるいは手足をもって相手の手に力が加わらないよう、回転して逃れることができないように制しておくことが最も大切である。また、肘関節を回外回内させるに当たっては常にテコの理にしたがい、自分の力を最も有効に働かせ、素早く目的を達成させなければならない。

● 関節技の1　**腕緘**（うでがらみ）

　腕緘は相手の肘関節をテコの原理によって回外、回内させて極める技である。試合の際に最も多く使用され、その効果はほかに類を見ないほどである。

　もし、この技に失敗してもすぐに絞技、抑込技に連絡ができ、その効果を充分にあげることができる。したがって、柔道を修行する者は一つの方法の腕緘ばかりでなく、その全部の技法を習得することが大切である。

■ ポイント
関節技の急所となる手の角度を熟知すること。
■ 連絡変化
1. 腕緘から道衣のスソを巻いての崩上四方固。
2. 立ちながら相手を回転させての腕緘。
3. 腕緘から横四方固、これからまた腕緘。
4. 腕緘から小外刈、大外刈、払腰。
5. 相手がタックルにきた際の腕緘。
6. 相手が上から抑え込みにきた時、下からの腕緘。
7. 相手が四つんばいになった時の腕緘。
8. 自分が腕緘を取られながら反対に取る腕緘。

腕緘／その1

■ **横四方固に抑え込もうとして、相手が逃げようと左手をくの字に曲げてきた時**

　素早く左手で相手の左手首を握って抑えつけ、相手の腕がくの字の形のまま、腕の可動域の限界まで手前に引きつける。自分の右手を相手の脇下から回し入れ四指を上にして、自分の左手首を強く握りこむ。相手の手首をしっかり抑えつけたまま、自分の右手をこじ上げるようにして、肘関節を極める。
[注意する点] 相手の手をこじ上げる時、重心がかかり過ぎると相手に回られて逃げられるので下半身をよく落として両手に力をこめてねじることが肝要。
[この技の防御] 相手がこじ上げようとする時、体を左にひねって逃げる。また、左肘を上げられないようにぴったりと畳につけておく。

腕緘／その2

■**自分が上になっていて相手が左手を伸ばしてきた時**

　右手で相手の左手首の甲が畳に面するようにして抑えつけ、そのままで固定して自分の体をずり上げ気味にし、左手は相手の左肘の下から回して自分の右手首に引っかけ、右手で左手首を下げ、左手は上げ気味に作用すると肘関節が極まる。相手の肘の角度は直角のまま相手の背中側に向かって力を加える。
[この技の防御] 体を左にひねりながら右手で相手を押して左肘をはずす。

腕緘／その3

■**相手が右に回り込もうとして左手を突っ込んできた場合**

　右手でいち早く左手首を抑えつけ、左手を肘下から差し入れてその手先で自分の右手首を固く握る。次に相手の上体を起こしぎみにして左手首を後方にこじ上げると肘関節が極まる。
[注意する点] 相手が左に回転して逃れようとした場合、自分もともに回転して自分が下、相手が上になった位置で制することができる。
[この技の防御] 手を伸ばしたまま畳にぴったりつけて、手が上に上がらないようにする。

●腕緘／その1
相手の手首を左手で抑えつけて右手で相手の左手をこじ上げると肘関節が極まる。

●腕緘／その2
右手では押し下げ、左手で肘を上に上げれば肘関節が極まる。

●腕緘／その3
右手で相手の手首を制しながら左手を上に上げ気味にすれば肘関節が極まる。

寝技編　161

腕縅／その4

■相手が左手を伸ばして右襟もしくは左袖を取ろうとした時

　いち早く右手で相手の左袖口を握り、これを急に真下に下げさせて左足をやや爪先立たせて進める。次いで左手を相手の肩ごしから相手の左脇下に突っ込み伸ばし、左手の上にして自分の右手首にひっかけ、同時に右手を下げて相手の手首に持ち直す。これで十分に相手を制し、左手を相手の背のほうにねじ上げれば肘関節が極まる。

[注意する点] 相手が体を回転して逃れようとする時はともに自分も回転して肘関節を制する。

[この技の防御] 相手が右手で左手を引っぱり込んできた時、左手で相手の左足を握るか、素早く自分の前帯を握って後方に持っていかれないようにする。

腕縅／その5

■相手が上から攻撃してくる時

　まず相手の右足を自分の両足で挟みつけ、相手が伸ばそうとする左手首を右手で抑え、体を少し起こしつつ、左手を左脇下から差し入れ、相手の左手首（外側）で自分の左手の甲に重なるようにして自分の右手首を握る。相手は危険を感じ、自分の帯を握り防御の姿勢となる。その時、両手に渾身の力を込めて一気に左手首を上げれば肘関節が極まる。

[この技の防御] 相手が左手をねじ上げようとする場合、自分の左膝頭で相手の手を抑えつけるか、左手を腹部に突っ込み、帯を深く握って手が取れないようにするか、右手首と握り合わせ、強く右に引けば、相手の左手が逆になって外れる。

●腕縅／その5
両足で相手の右足を挟みつけ、両手で一気に上げれば肘関節が極まる。

●腕縅／その4
手首で組んだ両手で相手の左手を背のほうに上げれば制することができる。

腕緘／その6

　この技法は左足を直角にして相手の左首にかけて制するところに他の技と異なった特徴がある。すなわち、このようにしないと相手に左に回転して逃げられたり、また左手を伸ばされたりして効果をあげることができない場合がしばしばある。写真のように両足で頭について完全に上体を制しておけば、相手は左右いずれの方向にも身を転ずることができず、簡単に肘関節を極めることができる。

[注意する点] 相手が自分の帯を握って防御する時は、両手で一瞬手前に引いてクラッチを切り、すぐに上に上げて再び帯を持たれないようにしてから相手の腕を背中側に回す。

腕緘から抑込

①腕緘を取ろうとしたが、②相手が左手で自分の帯を握ったため、左手甲を相手の左前脚に当て、右手で道衣の裂け目下を下に引き伸ばし、③これを手前に引きつけ、左手のひらに移して握らせ、相手の左手首をしっかりと縛って制する。④⑤右手を放し、体を相手の頭のほうに転じて抑える。

●腕緘／その6
右膝頭を相手の右脇、左膝裏を左首に当てて頭を刈って相手を制しつつ肘関節を取る。

四つんばいの相手への腕緘

①相手が四つんばいの時、自分はその左肩に位置し、右足を直角に、左足は膝をついて相手に密着させながら、左手で後帯、右手で中袖（肘外側）を取る。②前方に崩しながら右手で左手を引き抜く。③同時に左手五指を伸ばして相手の左肘の内側に入れる。④体を相手側に接近させながら右手で左手首を強く握り、⑤相手の左手を内にして自分の右手首を左手で握り組む。⑥さらに左手先を伸ばしたまま、右手を放して上衣の裾口を取り、左手五指で握りこむ。⑦左手で相手の左手を強烈に制しながら左足を相手

の股に差し入れ、右手で相手のズボンを持ち、⑧これで相手を後方に跳ね上げ、自体とともに相手を頭の方向に回転させながら、⑨⑩自分が上になる。⑪右手を放し、相手の肘外側につく。⑫左足を回して大きく相手の頭をまたぐ。⑬左手五指を外にそらして相手の手が外れないように制しながら、右手で半巻にした道衣の裾口を外す。同時に右手で相手の左手首を握り込み、左手で自分の右手首を握る。⑭両手に力をこめて一気に相手の左肘を直角のまま引き抜いて背中側に回して背中から離していけば肘が極まる。

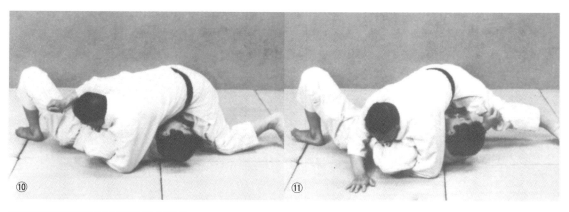

寝技編 165

立ちながらの腕織

①相手が左手を伸ばして自分の右袖、もしくは右襟を取りにきた時、これを右手（手刀）で受けながら、②③素早く袖口を取り、自分のほうに引きつける。次に左手を伸ばして背後より回し、左手を中にして突き込み、その手先で自分の右手首に組む。④⑤⑥さらに右手袖口を放して相手の手首を握り、右足を進め、左足を相手の股に入れて引き手を効かして跳ね上げ、自体とともに相手を回転させ、⑦⑧自分が上になり、左足を開き、両手に力をこめて肘関節を取る。

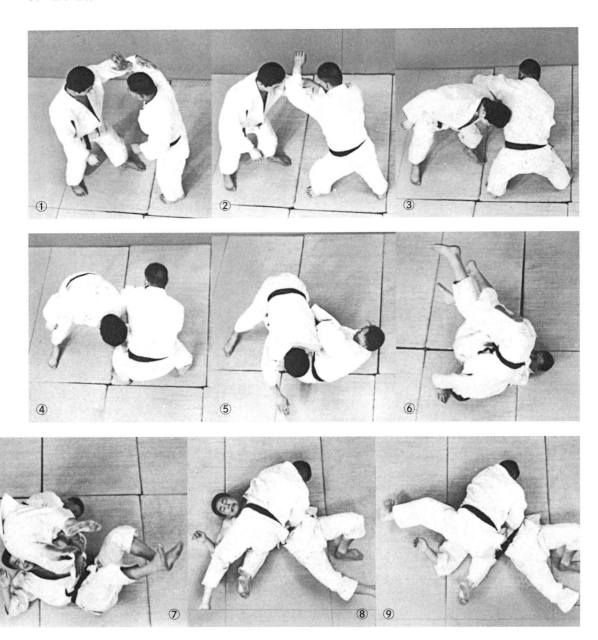

相手がタックルにきた時の腕緘

①互いに向き合っていて、②相手が突然タックルにくる。その一瞬、体を少し落としながら右足を引けば相手は前足の左足を抱え込みに来る。後方に押し倒されないよう上体を曲げながら右手で相手の右手首を握り、左手は相手の左脇より相手の左手を中にして回し入れ、手先を伸ばして自分の右手首を握る。両手で左手を強く制したまま、③右足を進め、次に左足を進める。体を後方に捨てながら左足を相手の両股に入れて跳ね上げ、④⑤⑥相手とともに回転し、自分が上になり、⑦上体を制して肘関節を極める。

●関節技の2　腕挫十字固（うでひしぎじゅうじがため）

　この技は腕緘と同様に相手の肘関節を反対に曲げる技法であり、腕固、脇固、膝固と同系統のものである。俗に十字逆とも呼ばれ、逆を取る技のひとつ。相手を半身に投げた場合、また寝技のときにもチャンスがある。

　相手が仰向きになっていて、自分はその右側に位置した場合、臀部を相手の右肩に密着させ、両股で相手の上膊を強く挟んで内側に締めつけ、両手で相手の手首を握り、体を後ろに倒しながら右手を伸ばさせ、腰を上げて肘関節を極める。

[技を掛ける機会] 相手が右か左の一方の側に体を回転して逃れようとする時、あるいは立技で半身に投げた時。たとえば、右大外刈で相手を半身に倒して足を越えている場合、または相手が回転しようとして手を伸ばしてきたとき。

[注意する点] 相手の両脇をしっかり開けさせ、相手の肘を逃さないよう、しっかりと両股で挟みつけ、相手の親指を上に向けて極める。一瞬、両手が外れても両股だけで右手を制することができるように、単独練習法としては枕を両股に入れて挟む方法もよい。

[十字固の防御] 相手が肘関節を取ろうとして後方に体を捨てると同時に、自分の体を右に急にひねり、肘を引き抜くか、左に体を移動させ、くの字か相手と一線となり逃れる。または自体の足を丸く自分の頭のほうに曲げ、回転して右手を引き抜く。

■ポイント
相手と十字形になって両股で強く挟みつける。

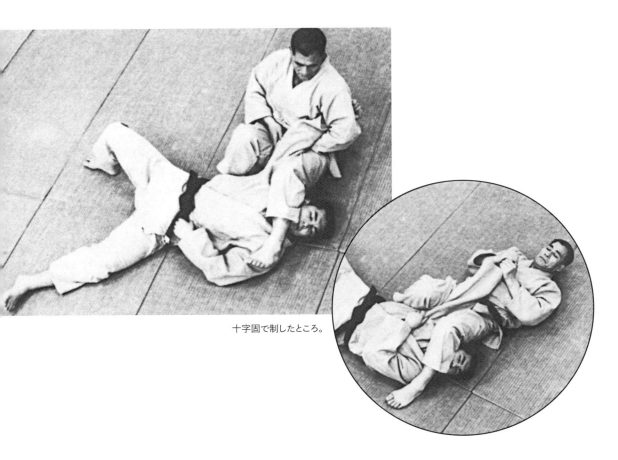

十字固で制したところ。

上四方固から十字固

①上四方固に抑え、②相手が左手を上に上げて回り込もうとした場合、③自分は腰を上げながら、④体を相手の背部に移動させ、左手で脇をすくいながら右手で手首を握り、⑤同時に体を後ろに倒して、膝を締めて相手の親指を上に、腕十字固に極める。

寝技編　169

●関節技の3　腕固（うでがため）

　この技は練習、試合の場合に相手が不用意に手を伸ばしたりした時に多く使用され、瞬間的に相手の肘関節を直接圧迫する胸のすくような技法である。技としては小技であるが、勝負技として一般によく知られている。

　相手が不用意に左手を伸ばしてきたとき、自分は右膝を相手の右脇に当て、左足を直角にして相手の首を横から制し、相手の左腕を自分の右手で抱え、自分の肩・首で相手の左腕を固定する。相手の体を半身に起こすようにして、相手の肘の上で両手を組み、手前に引きつけて相手の肘を極める。

[注意する点]　相手の攻撃から逃れようとして体をねじり回転する際は常に適当に腕を曲げて行動することが肝要。

[腕固の防御]　相手が肘関節を取りにきたら、早目に引き抜いて逃れるか、逃れる時機を逸したら肘の部分を制している相手の手より肘を少し上にずらして脱する。

■ポイント
両手で相手の肘を自分の胸部に密着させるようにして引きつける。また、左に回転して逃げられないよう自分の足で充分に相手の体を制しておくことが肝心。腕固は自分が下の姿勢からも立ち姿勢からも可能。

■連絡変化
崩上四方固。

腕固で制したところ。

相手が技を掛け損じた時の腕固

①相手が内股を掛けてきたが、②掛けそこない崩れ落ちる。③その時に素早く左足を抜き、膝を突き出して相手の腹部に当てがい、左手を相手の右手の上より回し、手首を曲げて肘に当て、④さらに右手で自分の手首を抑える。両手で引きつけ相手の右手を伸ばさせて肘関節を極める。

① ②

③ ④

●関節技の4　膝固(ひざがため)

膝固は極まれば見事な技であるが、技にはいる直前に相手に回転され逃げられることが多い。力の弱い者には効を奏するが寝技の達者な者、俊敏な相手にはなかなか極めにくい技である。

自分が下になって相手が両股の間から攻撃してきた場合、左手で右手首を取り、右足裏で相手の左膝頭を強く押し、体を前のめりにさせ、自体をややひねりながら相手の右手を伸ばさせ、左足を曲げ、足先内側を右腰に当て、膝の内側で強く右肩・右肘を右に押し右手は左手を助けて右手首を握り、これを上に上げて肘関節を極める。

[注意する点] 相手が挟まれている手を引き抜こうとすれば、腕が伸びるので技がよく効く。

[膝固の防御] 相手に手首を挟まれたら腕をますます突き込んで逃れる。

■ポイント
膝の内側で相手の肘を上から下に真下に下げることが大切である。

第4章

絞技

絞技には相手の頸動脈を絞めるものと直接咽喉を絞めるものがある。その他、相手の胴を絞める胴絞があるが、これは危険が伴うため禁じられている。

絞技を施すには相手の体が動かないように体や足で十分に制する必要がある。また、絞める際は襟を持った手の位置が深かったか、浅かったかにより極まりが異なるから、適当な個所を握って無駄な労力を使わないよう、理にしたがって一気に絞めの効果をあげなければならない、絞める時の手は棒のように固くならず蛇のように執拗にからみついて離れず、逃れようとすればますます首の奥深く喰い入るように作用することが肝要である。

●絞技の1 十字絞(じゅうじじめ)

　十字絞は相手の頸動脈を圧迫して絞める技である。強く絞めれば相手は意識が消失し、仮死の状態となる。つまりこれを柔道用語では落ちるという。寝技の時に相手が仰向き、横向きの状態の場合に使用され、また、立技の時に相手が立ったままの状態でも施される応用度の広い技である。相手を絞める場合の両襟の握り方によって、並十字絞、片十字絞、逆十字絞の3種類に分けられる。ここではそれぞれの相違について説明する。

片十字絞

■ポイント
力まかせに咽喉部を絞めてもなかなか絞まらない。うまく両手で頸動脈を圧することが肝要。手首を返して相手に密着して背筋も使って絞める。

■連絡変化
1. 立四方固、横四方固。
2. 相手が絞めを逃れようとして手を伸ばしてきたところを十字固で極める。

寝技編　173

並十字絞

両手の甲を上にして、これを十字形に交差させた状態でちょうど以下で説明する逆十字絞の反対となる。相手の頸動脈に両手の小指外側が当たるようにして相手の両襟を握って絞める。

並十字絞の握り方。

片十字絞

この技は試合の時いちばん多く使用される技法で、左手の四指を内側にして左襟を取り、右手では相手の右奥襟を四指を外側に、親指を内側に入れて握り絞める。

片十字絞の握り方。

逆十字絞

相手の体を両足で制しながら馬乗りとなり、左手で四指を内側にして左襟を取り、右手では同じく四指を内にして右襟を握り、上体を真下にかけて絞める。

絞技の防御

相手が絞めにきた時、すかさず自分の左手の甲を外にして左首に五指を伸ばして当て、これで防いで逃れる。

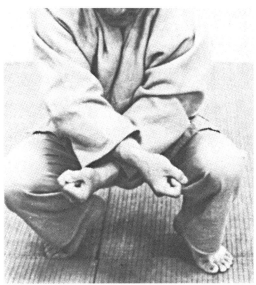

逆十字絞の握り方。

●絞技の防御法
相手が馬乗りになって右手で右襟を取り、左手で左襟を握ろうとした時、自分の左手の甲を左首に指を伸ばして当て、これで防いで逃れる。

●絞技の2 両手絞（りょうてじめ）

この技は相手の頸動脈を直接圧迫して絞める技であり、立居の時も効果がある。しかし相手が首を絞められたままの状態で大外刈、大内刈を放てば、まともに倒される危険がある。写真のように寝技の場合は両手と両足で強く固く絞めつければ技に入ったら最後、逃すことなく成功する。

[注意する点] 両足で首を挟みつける時、自分の頭部の方向に担がれて返されやすい。また、左足を引き抜くのが困難であるが、相手の足を押して一気に引き抜くことが肝要である。

①相手が攻撃してくる時、右足を肩に左足を股に、左手で相手の右手を握り防備する。②ますます相手が入ってきた時は右手で左頸部襟を握り、右足の膝裏がちょうど肩にかかるようにのせる。③次いで左足先を相手の肩近くにずり上げ、④右手を左手で制したまま左足を肩に、⑤同時に自分の左手を放し、右頸部の襟を握り両手首を返して絞めつけ、さらに両足先をからみ合わせて絞めつける。拳を襟に巻き付けながら引くと力が入りやすくなり、強く絞めることができる。

●絞技の3　裸絞(はだかじめ)

　裸絞は以前柔道対ボクシング、柔道対レスリングの試合などがあって、相手が道衣をつけていない関係上、よくこの技を柔道家が利用したものである。裸絞に入れば一瞬のうちに喉部の気管を圧迫され瞬間的に技が極まり、よく効く技法である。相手が立っている時、背後より絞めにはいる場合もあるが、寝技の時、相手がうつ伏せになっている時は機を見て絞めにはいり勝負を決定づける。

　写真のように相手が座っている時、その背後から左膝を立て、右膝をついて位置する。次に右手の二の腕が相手の咽喉に当たるように平行に回し、その甲を上にして左肩上に置き、左手を出して両手の手のひらを深く組み合わせ、相手を後ろに倒しながら自分の右肩で頭部を前方に押し、両手で引き絞める。

［裸絞の防御］首に腕を巻かれてしまったら、両手で相手の右手を引き下げて防ぐ。あるいは顎を引いて咽喉もとに腕を入れられないように注意しながら、頭後ろの手を組まれないように防御する。

■ポイント

相手を絞める時、後方に崩し相手の抵抗を少なくして前屈して頭部を下げさせ、互いの横顔が接近するようにして絞める。手のひらどうしを合わせる場合は、のどに巻いた右腕は地面と平行に。自分の胸に右腕を引きつける。両手で自分の肩を抱く組み方の場合は、右腕を相手の咽喉に直角に巻く。

■連続変化

裸絞から相手を後方に倒して抑え込みにいく。

寝技編　177

●絞技の4　**送襟絞**（おくりえりじめ）

　絞技の代表ともいわれる確実性の最も高い技である。試合や練習において多く使用され、成功する技として一般的によく知られている。また、この技から連続して後三角絞がある。個人の技術向上のためにもぜひこの技を熟知し、そして応用するよう切望する。

　送襟絞は、相手が四つんばいになったとき、または自分が抑込から転じて後方についた場合などでも効果がある技である。

　相手の背後についた場合、左右の足を相手の鼠蹊部に当て、左手で相手の左襟を開き、右手で左襟の深い位置を掴む。左手で相手の右襟を持ち、自分の左手を下に引きながら、右手首を返すようにして絞める。

[注意する点] 相手を絞める時は強く体を密着させ、頭を後ろに引き、腹部を突き出すようにして、右手首を返して絞める。

[送襟絞の防御] 相手が絞めにきたら両手で相手の右手を引き下げ、肘と首との間に空間を作り、あごを入れて逃れる。または両手で自分の左襟（相手の右手の下部）を取り、これをいったん上に上げると同時に強く引き下げると相手の握っている右手が外れる。この間に逃げる。

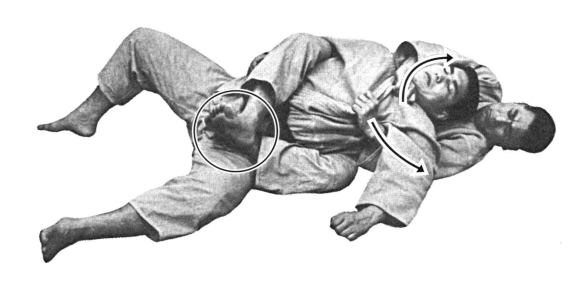

送襟絞から後三角絞

①相手が両手で左袖を引き下げて逃れようとする時、②自分は右手で右中袖を握り、両足の土踏まずのあたりを両腰に当て、体をひねると同時にこれを押し下げ、③左足を左肩上から回し、ふくらはぎのあたりを相手の左首に当て、続いて右足を回し、自分の左足先甲を膝裏で三角に組み、④相手の右手を両手で引きつけ、両股で強く首を圧して絞める。

四つんばいの相手を送襟絞で制する

①四つんばいの相手に体を進めて馬乗りとなり、②両手で後帯を握り一気に引き上げる。両足で相手を挟みつけ、③体を密着させ両手を脇下より入れ、両襟を深く取る。ともに体を左に回転させ、④左手を肩より差し入れて右襟を深く取り、⑤右手で左襟を浅く握り、⑥左手は引きつけ、右手は引き下げて頸部を絞める。

●絞技の5　横送襟絞(よこおくりえりじめ)

相手が四つんばいからうつ伏せになった場合、自体をその横に位置させ、体をねじるようにして頸部を絞めつける技であり、試合の折にも非常に効果的な技として一般に知られている。

[注意する点] 絞める時に自分の体が相手にのりすぎれば、反対に返されて抑え込まれるから注意する。また、左手を入れる際に相手の防御にあって入れにくい。その時は相手の左耳下よりあごを通して親指で無理やり回しながら入れれば、相手は痛さに耐えかねて左手が入る。

■連絡変化
1, 横送襟絞より変化して袈裟固に入る。
2, 横送襟絞より送襟絞。

①相手が四つんばいになっている時、体を相手の横に位置させ、左手は後襟、右手は後帯を取る。②体を落とし相手に密着させながら右手を放して右脇下より通して右襟を握り、左手も左肩口を通して、③親指を内にして右襟を深く取る。④自体を真下に落とし、右足を前に左足を後ろに腰を切って、⑤左手の脇を絞めながら相手の右頸部を制して絞める。

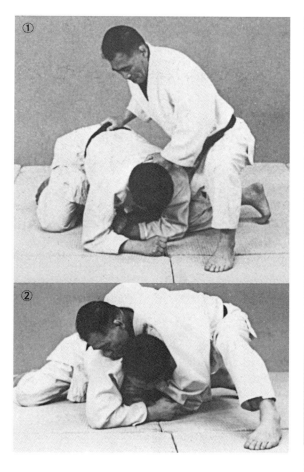

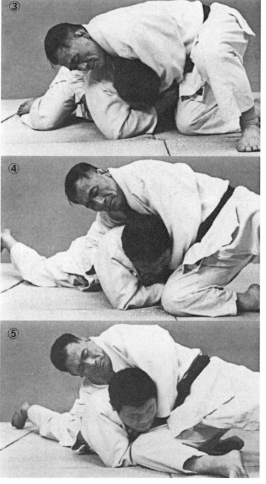

寝技編　181

● 絞技の6　片羽絞(かたはじめ)

　片羽絞は鳥の片羽根をねじるようにして絞めるので、このような名称がつけられたものであろう。

　相手の後方から絞める技で、両足で相手の体を狭み、左親指が相手の咽喉に当たるようにして右襟を取り、右手は右脇下から差し入れて相手の右手を後方に張らせ、その甲を後首に当てて左手で引き、右手では押して絞めるのである。

[注意する点] 相手が顎を引いたら、脇の下から通した手を戻し、相手の右足を抱えて絞める。

[片羽絞の防御] 相手が右手を差し入れてくる時、これを入れさせないようにする。

■連絡変化
1. 送襟絞から片羽絞。
2. 片羽絞から三角絞。
3. 片羽絞から立四方固。

後方から見た右手の位置。
右手の甲を相手の後首に当て、前方に押す。

片羽絞から抑込

①②片羽絞を施したが、相手が両手で自分の左中袖を引き下げ、絞めを逃れようとした場合、③そのまま自分の上体を下げて相手を押しつぶし、④相手が回ろうとする方向に体を転じて抑える。

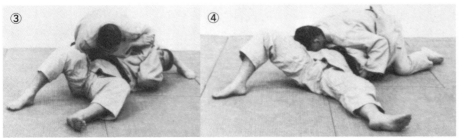

四つんばいの相手を片羽絞で制する

①右手は後帯、左手は後襟を取る。②左足を左手に引っかけ、右手を右脇下に突き入れながら相手とともに自分の頭のほうに回転する。③④⑤自分は下から相手の左手を両足でからみ、これを伸ばして左手で右襟を深く握り、⑥右手で相手の右手を上に上げさせ、右手の甲を相手の後首に当てて上に押し、左手では引き締めて頸部を制する。

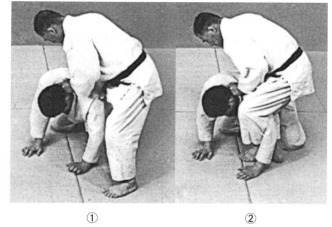

① ②

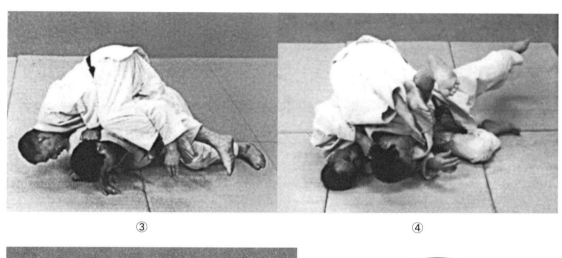

③ ④

⑤

⑥

寝技編 183

●絞技の7　三角絞(さんかくじめ)

　戦前、高専柔道華やかなりし頃、相手を制御するもっとも巧妙な技として駆使され、その蘊奥（うんのう）をきわめた幾多の名手が輩出されたものであるが、最近に至ってはその妙技に接することができないのは、柔道発展のためにまことに残念である。

　三角絞は両足を三角に組み合わせ、その中に相手の頭と手を一つにして挟み込む技である。技法が複雑なため修得するのが難しいが、一度身につければその利用度は広く、したがって効果も大きい。ぜひともこの技を工夫、研究して活用したいものである。

　この三角絞めには、相手の前方から掛ける前三角絞、後ろから掛ける後三角絞、また横から掛ける横三角絞の3種類があり、ここでは、その2種類を説明する。

前三角絞

　自分は仰向きになっていて相手を引き込む。左手で右襟口、右手では左手首を握り相手を引きつけながら右足裏で左膝頭を押し、相手の体を前のめりにさせ、次に左内股が相手の右頸動脈に当たるように直角に左足を後頭部にかけ、右足を回して相手の頭と左手をいっしょにして両足内股に挟み込み、左足首を右膝裏に入れて固く組み合わせ、自分の腰を少し右に移動させ両股に力を入れて絞めつける。

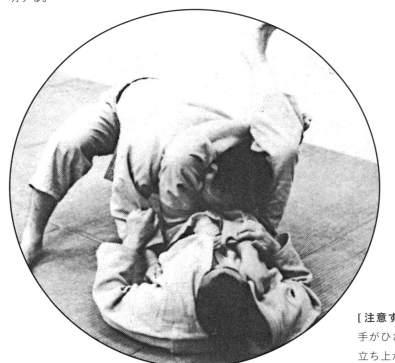

[注意する点] 三角絞を施していて、相手がひざまずいた姿勢から体を伸ばして立ち上がり、一方を畳から引き上げた際は両足を解かないと反則となる。また、相手が立ち上がってから一方を突き落とすと頸部を損傷することがあるので絶対に行なってはならない。

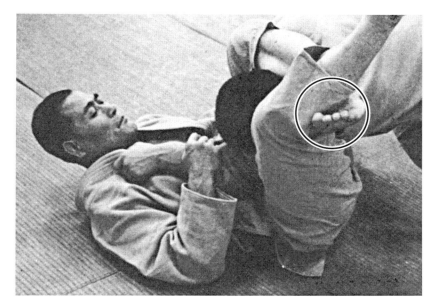

前三角絞

後三角絞

　自分の左股の上に相手の頭をのせて左足を曲げ。ふくらはぎのあたりを左頸動脈に当てる。その足先を右膝裏に入れ、両股の中に右手と頭を一つにして挟み込み、両股に力を入れて相手の首を絞める技である。送襟絞からの連続技としても使用され、もし、絞めが失敗しても直ちに右肘の関節を取ることができる最も効果の大きい技である。送襟絞を得意とする者はぜひともこの技を十分身につけて活用して欲しい。

[注意する点] 両股に力をこめて相手の頸動脈を一気に絞める。

[後三角絞の防御] 右足をはずし相手に足を組ませないようにする。

●絞技の8 立ち絞

①右手で左襟を握り、左足を進めつつ、②右手で急に手前に引き下げ、相手の頭を下げさせて、③自分の左膊が相手の咽喉に強く当たるように左手でしっかりと首を抱え込み、右手首を掴んで組む。④⑤右手のひらで肩口を押しつつ、左前膊を上げながら胸を押し出せば、咽喉が絞まる。

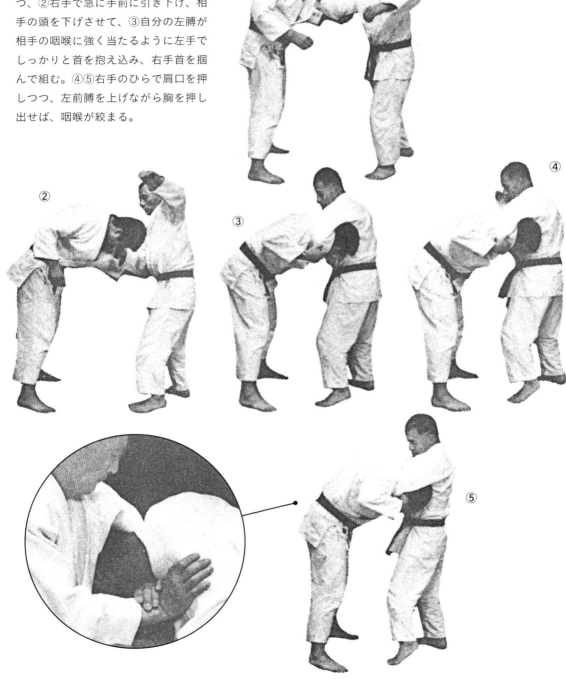

裸絞（※P177参照）

最後に

　戦前、戦後と長期間にわたり現役選手として闘い勝つことにのみ明け暮れた厳しい生活を終え、今は一指導者として日本柔道界を代表するに足る真の大選手の養成を目指し、そのことに余生を賭けている。

　私は、年々後進の青年達の体位が向上することに無限の希望を抱きながらも、反面この道を志す者にとって最も大切な精神面が希薄になって来ている現実に直面し、時流に逆行することの困難さは承知の上で、柔道宗家の日本柔道界が挙げて専門家養成組織を確立し、柔道一筋に精進でき得る万全の環境で広く資質抜群の英才を集め、心身の限界まで鍛錬し得る専門家コースを設置しなければ、世界柔道の頂点に立ち、君臨することは至難であると、浅学非才の身をも顧みず焦心を抑え兼ねている現況である。

　本書は、このような観点のもとに私が柔道入門以来、牛島辰熊先生、故大谷晃先生初め、多くの指導者の教えを貪欲に吸収し、成長しながら、一方あらゆる試合に出場して対戦した達人、錬士の抜群の特技を研究し、これを打破する工夫に腐心しながら自分なりに心血を注いで体得した技、数々の大試合で実施し、成功した実戦的技術を選び、文章による表現力の不足を嘆息しつつ解説を試みた次第である。

　実戦に勝つことを目的とした自己の体位、体質に最も適した技術を創意工夫した点、先達の諸先生が著述され世に出た幾多の解説書と多少相違する点もあるかと思われるが、少しでも読者諸賢の参考になれば幸いである。

木村政彦

昭和15年(1940年)、悲願の天覧試合優勝を果たし、笑顔の牛島辰熊と木村政彦。

column：寝技 編

「木村先生にとって戦いは、
『抑え込んで終わり』ではなかった」
植松直哉

　木村政彦先生の寝技は、高専柔道の強豪校である旧制六高の寝技だと聞いています。師匠の牛島辰熊先生が現役時代に六高道場に出稽古に通って身につけた寝技を木村先生が継承したのだと。

　この『木村政彦 柔道の技』でも、当時としては珍しく寝技の紹介に多くのページが割かれています。それまでの教則本では抑え込みのやり方は載っていても、どうやってそこに入るのかという部分は省かれているものが多かった。木村先生の本では、足をさばく、関節を極めながら抑え込みに入る、あるいはひっくり返して抑え込むなど、寝技の入り方・返し方を細かく解説しています。かなり寝技をやり込んでいる人だからこそ出来る内容です。

　技の数も多く、袈裟固一つを取っても、後袈裟だけで三種類。さらに崩袈裟、枕袈裟、四つんばいの相手を袈裟固に抑え込むなど、様々なバリエーションが紹介されています。

　また、投技編で返し技が紹介されているように、寝技編でも逃げ方やカウンター技がしっかりと写真と文章で解説されているのも特徴的です。たとえば、帯取返の防御法で相手が跳ね上げてきた足を両足で挟むなど、あまり他の技術書では見たことがないような技が掲載されていたり、力技のイメージがある鉄砲返のきちんとした技術が載っていたり、動きの一つひとつが非常に細かい。豪快なイメージの木村先生が、繊細な寝技を使っていることに気付かされます。

　それぞれの手の位置、足の位置、重心のかけかたなどを、写真から読み解くことも出来ます。たとえば、横四方固の大写真。抑え込むときに足首がちゃんと横に開いて、腰を落としてしっかり股が開いて、重心が落ちています。そういったディテールも多くの写真から感じることが出来ます。

　そして何よりも、腕緘。木村先生の腕緘は、お弟子さんたちのお話では、とにかく立っても寝ても、上からでも下からでも、腕緘を取れば一発で勝負が決したと聞きます。その腕緘の種類も非常に豊富で、腕緘からの抑え込みや、道衣の裾で縛って抑えたところから腕緘、亀取の腕緘など様々な体勢・状況からの腕緘が紹介されています。今日、加藤博剛選手が得意とする「加藤返し」も入り方がほぼ同じ技がすでに掲載されています。

　私はこれまでに何度も木村先生とエリオ・グレイシーの試合動画を見ていますが、まさしくあの試合で木村先生が見せた動きの基本がここにあると言っていいと思います。

　たとえば、木村先生がエリオを投げて立技から寝技へ移行するとき、足をさばく直前、木村先生は自分の両膝をぐっと締めて立っています。このときエリオは膝が窮屈になっているため足を効かせられなかった。

　さらに木村先生は左手で足をさばいて上半身を密着させた瞬間、その手をすぐに右手に持ち替えてしっかりとエリオの足を畳に押しつけています。そのと

き右手を中途半端に股の中に入れずに手前から置いてるのでエリオはエビをして足を戻すことが出来ませんでした。

エリオ・グレイシー戦の
動きが再現されている

　今回の『柔道の技』には、このエリオ戦の動きが再現されています。たとえば一度フェイントを入れて、逆に足を振って抑え込む動き、崩袈裟固で相手の脇を差して抑え込む形——結局、木村先生にとって戦いは、「抑え込んで終わり」ではなかった。完全に決着をつけるところまで見据えた形で動いています。

　木村先生が高専柔道をやっていた頃のルールは大将戦が30分で寝技膠着の「待て」が無かったと聞いています。エリオ戦ではもちろんポイントや抑え込み30秒での一本も無い。つまり木村先生は、最初から抑え込むためではなく、極めるために戦っていました。そして、その技は、繰り返すようですが、「対柔道」だけじゃなかった。

　今回の本にも「相手がタックルにきたときの腕緘」という表記がそのまま載っていますが、通常の柔道教則本であれば、タックルという言い方はしないで双手刈と表記するはずです。木村先生は『柔道とレスリング』という本も上梓されていますが、今回の『木村政彦 柔道の技』でも、四つんばいの相手を横四方に抑え込むときに道衣ではなく、手首をクラッチしたハーフネルソンを見せたり、裸絞めの欄では、手のひらと手のひらを合わせたパームトゥパームのグリップを見

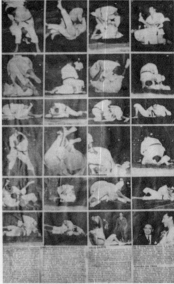

1951年7月26日、木村政彦率いる柔道親善使節がサンパウロに到着。背広姿の木村政彦、山口利夫、加藤幸夫を小野安一が出迎えた。9月23日、リオデジャネイロで加藤がエリオ・グレイシーに絞め落されると、10月23日、マラカナン・スタジアムで木村はエリオと対戦。得意の大外刈から腕緘に極めた。

せています。

　本文中では「裸絞は以前、柔道対ボクシング、柔道対レスリングの試合などがあって、相手が道衣をつけていない関係上、よくこの技を柔道家が利用したものである」とさらりと記している通り、道衣無しの場合も想定し、関節技、絞め技も実戦に則して行っていることは間違いありません。武道を名乗る以上、柔道もブラジリアン柔術も実戦という想定だけは忘れてはいけないと、私もあらためて感じた次第です。

　また、こうしてまとめて読み返すと木村先生が相手を仕留めるために、こんなにもたくさんの技を使いこなしていたという技師の面を感じます。ただ投げるだけじゃなく、寝技と繋がっている。絞めながら抑えたり、極めながら抑えたり、相手や場面によって技を使い分け、投げ技も寝技も得意技だけにはめて勝とうとするのではなく臨機応変です。

　もし、現代に牛島先生や木村先生がいらっしゃっていまのブラジリアン柔術をご覧になったら、きっと研究されたのではないかと想像します。木村先生は『鬼の柔道』でも、「私がこのブラジルで一番の収穫だと思ったのは、向こうにも昔の高専柔道に似た寝技があったということであった。もし、私が立技専門であったら、絶対に参ったといわないエリオ・ブラッシー（※当時の表記のママ）を倒すのに一苦労したことであろう。私はブラジルにいって、寝技の重要性を再認識させられたのである」と率直に語っています。

　この本では2018年現在において、柔道の試合で使用できない技も含まれていますが、将来またルールが変わる可能性はありますし、柔術やほかの格闘技であれば使っていい技も非常に多い。本書を柔道家のみならず、柔術家や格闘家、身体や歴史に興味を持っている人……いろいろな人が見てくれたらと思います。新たな発見をするきっかけになると思います。

　ところで、このように木村政彦先生ご自身が実技・解説をされていて、これまで何度も新装版が出ているこの本で、著者の木村先生はほとんど表紙になっておらず、他の柔道家の試合写真が使われていました。このことは、当時の木村先生が置かれた状況を表しています。

プロとしての活動期間があるため、後に柔道界に復帰し、母校拓殖大学の指導をされた後も、最後まで木村先生は七段から昇段しておらず、柔道殿堂にも入っていません。

　今回、増田俊也さんの『木村政彦 外伝』と同時刊行で、この『木村政彦 柔道の技』（ともにイースト・プレス）が、木村政彦先生の表紙によって復刻されたことで、木村先生の名誉回復の一助となることを私は願っています。私の道場『NEXUSENSE』では、嘉納治五郎先生の写真とともにカーロス・グレイシー、牛島辰熊先生、そして木村政彦先生の写真を額装して掲げるつもりです。彼らは私のルーツであり、柔術・柔道のルーツでもあると考えているからです。

191

木村政彦 柔道の技

発行日	2018年8月18日　初版第1刷発行

著者	木村政彦
ブックデザイン	トサカデザイン（戸倉 巖、小酒保子）
DTP	臼田彩穂
編集	松山 郷

発行人	堅田浩二
発行所	株式会社イースト・プレス
	〒101-0051
	東京都千代田区神田神保町2-4-7
	久月神田ビル
	TEL：03-5213-4700
	FAX：03-5213-4701
	http://www.eastpress.co.jp

印刷所	中央精版印刷株式会社

©KIMURA MASAHIKO 2018
PRINTED IN JAPAN
ISBN 978-4-7816-1702-2

定価はカバーに表記してあります。
乱丁・落丁本がありましたらお取替えいたします。
本書の内容の一部あるいは全部を無断で複製複写（コピー）することは、
法律で認められた場合を除き、著作権および出版権の侵害になりますので、
その場合は、あらかじめ小社宛に許諾をお求めください。